Was ist der Mensch?

Erich Maier

Was ist der Mensch?

Abschließende Briefe an Mikaela Shiffrin

*Bibliografische Information der Deutschen Nationalbibliothek:
Die Deutsche Nationalbibliothek verzeichnet diese Publikation
in der Deutschen Nationalbibliografie; detaillierte
bibliografische Daten sind im Internet über dnb.dnb.de
abrufbar.*

© 2024 Erich Maier

Verlag: BoD · Books on Demand GmbH, In de Tarpen 42,

22848 Norderstedt

Druck: Libri Plureos GmbH, Friedensallee 273, 22763 Hamburg

ISBN: 978-3-7597-3102-9

5. Oktober 2024

Liebe Mikaela,

auch für die letzte Briefserie habe ich mich ein wenig von Kant inspirieren lassen. „Was ist der Mensch?" lautet eine seiner Grundfragen der Philosophie. Abgesehen von der Problematik solcher Grundfragen, die auch Denkschablonen im Nachhinein sein können, erscheint die Thematik ja doch interessant, und ganz leicht obenhin schreitend würde ich spontan antworten: Der Mensch ist auf andere bezogen, und das natürlich nicht nur negativ, sondern selbstverständlich „mehrheitlich" positiv auch im Sinne von Konventionen! Der Mensch möchte zum Beispiel kommunizieren, und wenn er glaubt, dass das positiv nicht möglich ist, entscheidet er sich vielleicht für negative Machenschaften! Diese Bezogenheit findet allerdings innerhalb der Natur statt, ist dem Menschen sozusagen von Anfang an mitgegeben, und deshalb ist der erste Begriff, der einem einigermaßen modernen Verständnis nach im Kontext des Menschen auftaucht, auch schon die Natur! Die Natur ist ein Um- und Überbegriff des Menschen und ihrer Wirkung nach nicht zu unterschätzen, nicht nur objektiv, sondern durchaus im Hinblick auf das Innere eines Menschen! Und als zweites Wort in diesem Zusammenhang fällt einem das Bewusstsein ein. Die Antwort auf die Frage „Was ist der Mensch?" lautet: ein Bewusstsein!

Die Dialektik, der im Deutschen Idealismus zu einer festen Systematik verholfen wurde, nachdem sie ursprünglich nur die Form des platonischen Gesprächs, eines Dialogs, gewesen war, weist dann darauf hin, dass die Natur einen Stellenwert im Bewusstsein hat, denn was anderes sollte man darin auch zu finden suchen? Ich kann hier, scheinbar ein wenig abschweifend, die Erkenntnis bringen, nicht die Angst ist Grundgefühl der Religion, sondern die Liebe, daraus folgern, kommuniziert wird nicht aus Angst, sondern aus positiveren Motiven, und dabei als dritten Begriff das Selbst ins Spiel bringen, das, wie schon früher erwähnt, im Abendland noch nicht ganz die Anerkennung gefunden hat, die ihm zukommt! Das Selbst ist Natur und ermöglicht die Kommunikation, aber auch alle anderen kulturellen Fähigkeiten eines Menschen, und dabei ist das Selbst etwa auch die unmittelbare Wahrnehmung eines klaren Sternenhimmels in einer lauen Sommernacht! Einmal leuchtet der Himmel ganz tief in mich hinein, ehe er wieder zur Mattscheibe wird, an der ich mein Wissen über Himmelskörperbezeichnungen erproben kann! Aber dieser eine Moment genügt mir, um eine Übereinstimmung zwischen dem Weltall und meinem Selbst zu spüren! Das Selbst ist eine Frage an den Nachthimmel, die von diesem positiv beantwortet wird und damit auch die Berechtigung stärkt, der Natur zu vertrauen! Wir wachsen mit dem Erlernen von Kulturelementen auf, Übereinkünften, die ich als Konventionen bezeichnen würde, und dazu gehört unter anderem die Sprache und deren Funktion der

Kommunikation! Diese führt dazu, dem Ich Gewicht zu verleihen, was die Gefahr der Negativität heraufbeschwört, wie wir aus der Praxis wissen! Das menschliche Spiel besteht jedoch darin, sich selbst in Relationen zu setzen, und hier wäre die Negativität nur ein unnützer Umweg, der zu nichts führen würde! Sogar im Hinblick auf das umstrittene Motiv von Eigentum und Besitz wäre das dann ein Nachteil! Aber, um wieder aus dem Möglichkeitsmodus herauszukommen, auch der Begriff der Zeit verliert im Kontext des Selbst seine Relevanz, erweist sich als Illusion, eigentlich als Fantasie! Die Zeit hat oberhalb der Sprache nichts verloren, eine glühende Schlinge, ein Lasso der Zeit, um dort etwas einzufangen, ist nichts weiter als ein Desiderat aus einer Ecke heraus, die sich kommunikativ sozusagen nicht an die Oberfläche wagt! Ich darf der unmittelbaren Wahrnehmung glauben, dann tritt ein positives Postulat auf, der Begriff des Seins! Das Sein ist mithin der Glaube, dass die unmittelbare Wahrnehmung nicht trügt! Aber dass das Sein überhaupt ein notwendiger Terminus ist, weist auf einen gewissen Mangel hin, der eben nicht kommuniziert wird! Die Zeit hat im Objektbereich selbstverständlich ihre Gültigkeit, ist, vom Selbst als Universum aus betrachtet, relativ. Dann stellt sie jedoch gleichsam auch einen Verzicht auf die unmittelbare Gültigkeit der Wahrnehmung dar, was den Menschen nach Adam Riese wiederum an die anderen zurückbindet! Fasse ich diese Bindung als negativ auf, etwa als Zwang, besteht die Möglichkeit der Lüge, welche dann mehr oder weniger absichtlich auftreten muss! Ich kann stur bleiben, mich Emotionen überlassen, die gesamte Kultur auslöschen wollen, aber das ändert letztlich auch nichts daran, dass selbst Irrationales nichts anderes ist als Natur! Die Lösung der negativen Problematik liegt in und bei der Natur!

Mikaela, Du siehst, ich komme gleich mitten in den Strudel des Bewusstseins, und das wohl nicht zuletzt deshalb, weil ich mich selbst immer noch gewissermaßen darin befinde! Ich bin den Geist losgeworden und die Zeit, auch das Unbewusste, es ist also alles, was es ist, aber die Existenz hat mir noch nicht ihr positives Händchen gereicht, hält mich im Negativen fest, zu welchem alle Folgen des negativen Dinges gehören außer diesem selbst! Ich weiß über das Negative Bescheid, kann es aber nicht verstehen, es gehört wohl zu den blutleersten Dingen unter der Sonne! Es ist in sich inkompatibel und erweist sich auch als inkompatibel mit dem Leben! Und dabei ist es das Ziel eines Negativen, positiv besiegt zu werden! Auch das Inkompatible des Negativen ist in Wahrheit Natur!

Die Thematik des Menschen birgt also zwei miteinander unvereinbare Aspekte in sich: einerseits eine Normalität, welche sich der Konventionen bedient, und dann die Negativität, die sich selbst abgrenzt und somit nicht nur innerhalb des Bewusstseins für sich allein besteht! Und Ziel muss es sein, diese Negativität irgendwie aus dem Bewusstsein zu entfernen, was, trivial gesprochen, mit dem Ende des Missbrauchs und insbesondere des Kindesmissbrauchs korreliert! Das negative Ding ist unlogisch, irrational, aber es setzt sich mit einer inneren Konsequenz fort, weil seine Forderung noch nicht erfüllt wurde, und diese Forderung ist – kindisch, sie kann gar nicht erfüllt werden! Das Negative existiert in der Erwachsenenwelt, aber es muss seine Wurzeln in einer Kindheit haben, die gar nicht so unbehütet daherkommt, wie die Realität negativer Phänomene suggeriert! Man könnte behaupten, die Ursache des Negativen sei nichts weiter als ein böser Traum, dem eine Verweigerung der Kommunikation folgt, woraus sich dann Künstliches ergibt! Der Ausdruck „Künstliches" passt wohl auf ganz eigene Weise in den Kontext der Negativität! Letztere ist also eine Ablehnung der Gültigkeit der Konventionen, aber sie bedient sich ihrer, weil die Existenz keine Alternative zulässt, mitunter sogar recht unverschämt parasitisch! Und es muss auch nicht eigens betont werden, dass Destruktivität zu destruktiven Ergebnissen führt! Die Verantwortungslosigkeit, der Mangel an Einsicht und Schuldbewusstsein des Negativen sind ja legendär! Für sich denkt jemand vielleicht, dass es ihm selbst auch nicht anders ergangen ist und er deshalb zu negativem Handeln berechtigt ist; aber die Lösung der Problematik in der Zukunft liegt genau dort, wohin sich negatives Denken seit je den Zugang verbaut hat, im Selbst, in der Natur! Außergewöhnliche Bewusstseinszustände, Transzendenzerlebnisse wie etwa Nahtoderfahrungen können auch Anlass für negatives Denken sein, weil sie sich vollkommen anders anfühlen können als die normale Realität! Ein in derartigen Berichten mitunter auftretendes Lichterlebnis wird mit einer überschwänglichen Positivität erinnert, die sich kaum in Worte fassen lässt! Die Diskrepanz zum Alltag danach ist zunächst vielleicht so groß, dass diese alleine für ein skeptisches Gemüt schon Anlass zur Negativität sein kann! Die Sprache erweist sich offensichtlich als nicht ausreichend, um derartige Inhalte abdecken zu können, und wenn ich ethisch labil bin, ist das für mich der Startschuss zur Lüge! Die Negativität spielt sich hauptsächlich im Inneren des Bewusstseins ab, in der Vorstellungswelt, im Denken, und auch hier ist die Diskrepanz zu den realen Phänomenen beachtlich! Die Philosophie bis weit ins zwanzigste Jahrhundert hinein befasst sich damit eine Textur dafür zu erstellen und muss dabei daran scheitern, die Gültigkeit der konventionellen Bedeutungen gewöhnlicher Wörter zu erreichen! Die Lüge selbst ist zunächst ein leeres Wort, welches durch eine konkrete Bedeutung in einem konkreten Kontext jeweils Realität erhält! Sie wäre nichtssagend, wenn man sie nicht in der Praxis kennengelernt hätte! Auch hier kommt also die Notwendigkeit der Kommunikation zum Ausdruck, und diese erlaubt eine paradoxe Formulierung wie: Das Böse nimmt seinen Ursprung in einem Transzendenzerlebnis!

Die Frage „Was ist der Mensch?" fragt nach objektiven Attributen, und auch die Substanz wird in den Objektstatus, in die Objektschichte versetzt. Der Mensch wäre aufgrund der Fragestellung als Ding aufzufassen mit bestimmten Beschaffenheiten! Philosophie kann mit solchen Konstellationen spielen, konkret wäre das Problem der Selbstreflexion die Außenperspektive, welche eine Objektivierung verlangt. Kant umgeht es, über sich selbst nachdenken zu müssen, indem er den Begriff Mensch objektiviert! Und Objekte werden bestimmt, im Vorhinein! Ich könnte die Frage auch beantworten mit: „Was seine Zeit aus ihm macht!" Dann käme ich aber relativ rasch in eine Art Opferdenken hinein, und ein fiktives Opferdenken ist eine der Wurzeln der Negativität und daraus umgesetzter Destruktivität!

Alternativ dazu, aber doch ein Stück weit inspiriert davon, scheint es angemessen, die Bedeutung der Natur im Kontext des Begriffs Mensch hervorzuheben! Und ich postuliere im Anschluss einfach recht forsch: Das negative Ding möchte den Glauben an die Natur nehmen! Wie kommt es dazu? Wahrscheinlich, weil es durch Zweifel an der Natur entsteht, durch ängstlichen Zweifel, oder konkreter: Das Böse entsteht durch Zweifel an der Natur über den Menschen!

Aber jetzt einmal weg von diesen Dingen, die einem schwer im Magen liegen! Natur heißt, dass ich auf das Leben und die Zukunft vertrauen darf! Ich erinnere mich an die Zeit, als ich mir die innere Natur als eine gelbgrüne Kugel vorstellte mit offenen Rändern und den Entschluss fasste, diesem Begriff zu vertrauen! Ich war damals etwa vier, und immerhin konnte ich durch tapfer durchgehaltenes Vertrauen das periodische Auftreten von Asthmaanfällen durchbrechen und beenden! Die Freude über diesen Sieg war riesengroß, wenngleich in meinem Bewusstsein verborgen, und motivierte mich, auch meinen Geschwistern von dieser Stärke der Natur mitzuteilen, was mir durch eine bösartige Falle zum Verhängnis werden sollte, aus welchem ich bis heute nicht herauskommen konnte! Aber das hat nichts mit der Natur selbst zu tun, im Gegenteil, diese hat mich befähigt, all die Jahrzehnte seither durchzuhalten, mehr oder weniger vernünftige Wege zu suchen und dann auch zu gehen! Die Natur hat nicht nur Bedeutung als ein Objekt, welches das Leben erhält und ermöglicht, sondern sie ist auch im Bewusstsein präsent, auch wenn davon kaum jemals die Rede ist! Man könnte es als Erfolg der Negativität auffassen, dass von der Natur im Kontext der Innenwelt wenig bekannt ist, obwohl man sie täglich mindestens so notwendig braucht wie den berühmten Bissen Brot!

Zu sagen: „Ich bin", bedeutet letztlich mein Wesen als natürlich zu akzeptieren, und damit befinde ich mich bereits mitten in der Kommunikation! Das Sein lässt sich nur durch Natur rechtfertigen, und es selbst rechtfertigt über die Sprache den Ausgleich in der Kultur! Die Zeit stellt eine Art Gegenpol zum Sein dar, jenes Kulturelement, das im menschlichen Bewusstsein und vor allem im Denken Bedeutung hat wie kaum ein anderes, und die Zeit müsste in Summe eigentlich den gerechten Anteil aller an der Kultur meinen! Doch erweist sie sich anders als das Sein in dieser Hinsicht nicht als verlässlich! Ich kann vielleicht gut rechnen, aber das sagt noch nichts über meine Kompetenz in puncto Gerechtigkeit aus! Und der Ausgleich kann nicht eingefordert werden, wird ohnedies von der Natur bewirkt!

Das Sein ist sozusagen ein Beweis, dass die Kultur in der Natur begründet ist, es rechtfertigt die Konsistenz der Sprache, welche wohl das Hauptmedium der Kultur darstellt! Wir alle verlassen uns auf die Sprache und erkennen damit die Leistung unserer Vorfahren an bis hinein in früheste Vorzeiten, als die Nebel des kollektiven Geistes noch nicht vom Sonnenlicht der Geschichte weggehoben waren! Die Sprache ist konsistent, das steht fest, aber das Sein konnte sich bisher noch nicht ganz von den Schlieren befreien, die es durchziehen und bedecken, und es ist nicht einmal Gegenstand der Kommunikation, woher diese Schlieren stammen! Das Sein ist Ort der Auseinandersetzung von Gut und Böse in der Kommunikation, und offenbar hat es selbst auch seinen Teil davon abbekommen! Aber das Sein ist zwar in der Kultur, wird jedoch von der Natur gehalten, und diese bürgt für dessen Unverfälschtheit und Reinheit! Das Ziel eines menschlichen Lebens wäre also die unverfälschte Erkenntnis des Seins!

Die Natur ist überhaupt der tragende Substanzbestandteil des Bewusstseins, auch wenn man wahrscheinlich kaum einen Philosophen finden wird, der zu einer solchen Formulierung greift! Hier wurde früher gekämpft, die heutige Situation ist mir nicht so bekannt! Philosophen tendierten dahin Transzendenzerlebnisse zu leugnen, auch wenn sie eines gehabt hatten, und daraus ergibt sich ein Begriff der Individualität, welcher die Natur dieser wichtigen Schichte des Bewusstseins negiert! Individuum wird zum Egoisten mangels Alternative! Bis hin zum Level der Sprache dominiert das Kollektive in der Kultur. Die Bewusstseinsschichten über der Sprache lassen dagegen wieder ganz deutlich die Natur und ihre Bedeutung hervortreten, beinahe so deutlich wie in Bezug auf den Körper selbst! Die Objektschichte, die Welt, ist vollgestopft mit Dingen und Strukturen, die Sprache dient zur Bezeichnung der Welt, diese beiden Schichten des Bewusstseins sind vom Kollektiv dominiert und dazu vielleicht noch der Emotionsanteil der Gefühlsschichte, denn Emotionen benötigen zum Ausdruck häufig die Sprache! Ein menschliches Bewusstsein trägt Strukturen in sich, die alles andere als „natürlich" erscheinen, und doch gehört das zum Leben dazu, kann oder muss akzeptiert werden, erscheint vielen sogar selbstverständlich menschlich zu sein. Aber der Mensch stellt lediglich die Bezogenheit dazu dar, woraufhin sich die Frage nach dem Kollektiv stellt! Man geht dabei also im Kreis um den Terminus Mensch herum, dessen Bedeutung einfach in seiner Bezogenheit liegt! Dieses natürliche Merkmal, diese Beschaffenheit führt zur Bildung von Kollektiven, die wiederum für die Kultur verantwortlich zeichnen; dadurch hebt sich der Mensch ab von der übrigen Natur, würden biologische Anthropologen vielleicht konstatieren, aber in diesen Fachbereich möchte ich mich nicht weiter hineinwagen!

Fasst man den Menschen nicht als Objekt auf, bringt die Frage nach dem Menschen also die Begriffe Natur, Bewusstsein oder Sein und Kommunikation oder die

Sprache zum Vorschein. Und dabei tritt eine Diskrepanz in den Vordergrund, die zwischen der Natur und dem selbstabgegrenzten Ding der Negativität, welches in unbestimmtem Maß auch kulturmanipulativen Einfluss hatte und hat! Man könnte beinahe von einem Kampf sprechen, der hier stattfindet, weniger jedoch von einer Rivalität, denn die beiden Gegner zeigen sich alles andere als gleichwertig! Destruktivität wird von der Natur bestenfalls akzeptiert oder besser toleriert und sie kann, soweit sie ehrlich sein möchte zu sich selbst, sich keine Aussicht auf Erfolg machen! Ich könnte etwa eine Parallele ziehen in der Art: Der Unterschied zwischen Sein und Seiendem ist Natur und Missbrauch! Das Seiende ist seit der Antike ein führender philosophischer Begriff und genießt seit Platon auch den Vorzug vor seinem Verbalinfinitiv, dem Sein! Und das Seiende ist durchaus brisant, ist sozusagen mehr als doppeldeutig gemeint! Die Philosophie schafft damit beinahe ein Problem, und es gibt aber auch einen Raum dahinter, der gleichsam nach möglichen Lösungen hallt oder dröhnt. Das Seiende ist negativ, und ein Negativer stellte sich schon als Kind irgendwie gegen den Prozess der Natur! Das negative Ding ist so konstruiert, dass es die Existenz nachahmen oder im Denken gar ersetzen soll – ein Tausch, den wohl nicht jeder für sich vollziehen möchte!

Oder eine andere Begriffskonstellation, die zu Kontroversen im Bewusstsein führt: Natur, Zeit, Sein. Die Zeit enthält auch die Absicht, den Prozess der Natur irgendwie anzuhalten; die Dauer stellt zwar für den

Verstand ein Problem dar, aber zugleich wird sie von ihm auch angestrebt, was nicht zuletzt auch zu realen Dingstrukturen führt, die, soweit sie Konventionen entsprechen, durchaus nicht negativ sein müssen! Aber aus Sicht der Negativen bildet die Zeit dann auch einen kulturellen Gegenpol zum Nichts der Natur, vor dem sie sich ja fürchten! Die Zeit, welche als Konvention anerkannt ist, steht dann für die Lüge der Kultur, und den Gegenpol dazu würde das Sein bilden, welches den Glauben an die Natur voraussetzt oder verlangt! Von einem menschlichen Bewusstsein, und zwar nicht nur von einem bewusst negativen, wird die Zeit verwendet, um den Augenblick umgehen zu können, was auf die Existenz des Geistes zurückgeführt werden kann! Und Negativität heißt auch, man verliert das Vertrauen in die Kultur, nachdem man jenes in die Natur nie entwickelt hat! Und eine Stoßrichtung der Negativität geht dann in paradoxer Art gegen das Leben vor, ohne damit die Natur angreifen zu wollen! Die Destruktivität verwechselt einfach mitunter die Kultur mit dem Leben und überprüft dann offenbar nicht mehr so genau, was sie angreift! Oder etwas abgeschwächt, dafür aber umso konstanter: Negativität fordert das Leben ohne die Natur heraus! Und in der geistigen Vertretung der Negativität, der Philosophie, gilt dann: Werden ist die Variationsstufe des Seins! Dass dabei die Natur herabgewürdigt wird bis hin zur tiefsten Verachtung, versteht sich von selbst! Und dennoch bleibt da noch ein Raum, der die Lösungskompetenz der Natur nicht vernichten möchte!

Mikaela, in diesem letzten Bändchen von Briefen hat sich meine Perspektive ein wenig verändert! Ich beanspruche jetzt etwas vollmundig das Wort Selbst, welches die eigentliche Perspektive menschlichen Lebens darstellt! Ich musste durch diverse Mutationen des Bewusstseins hindurchgehen, um dahin zu kommen, wo ich jetzt bin, und konnte mich dabei stets auf die Natur verlassen! Das Selbst ist Natur, und die Bewusstseinsperspektive des Selbst ist natürlich inklusiv. Das heißt auch, dass die Grenzen zwischen Theorie und Praxis ein wenig verschwimmen, und vielleicht werde ich in diesem Text zwischendurch auch aus meinem bisher eher düster verlaufenen Leben erzählen! Versprechen kann ich das heute allerdings nicht! Wir werden sehen!

Herzliche Grüße,

Erich

Liebe Mikaela,

zunächst möchte ich noch auf einen Irrtum hinweisen, der mir im letzten Band im Zusammenhang mit biografischen Angaben unterlaufen ist, als ich den Hintergrund auf die inoffizielle Vorgeschichte Österreichs ausdehnte! Die erste Anführergestalt, welche sich zu keltischen Zeiten aus dem Dunkel herauslöste, muss wohl anders als von mir dargestellt eine eher positive Persönlichkeit gewesen sein, und die Attribute, die ich ihm anheimstellte, scheinen sich eher auf die spätere Person des Brennus aus dem dritten Jahrhundert zu beziehen! Die Hallstattkultur musste einiges an Substanz aufzuweisen haben, sonst wäre nicht eine Epoche danach benannt worden, und die für Österreich identitätsstiftenden Inhalte stammen wahrscheinlich auch aus dieser Zeit, wurden danach von Brennus und Konsorten aber derartig konterkariert, dass nur die problematischen Inhalte unter der Oberfläche überdauert haben – bis zum Holocaust! Der frühere Anführer wurde vielleicht in Palästina mit den Kimmerern geschlagen, möglicherweise auch durch einen Hinterhalt oder durch Verrat, und eine solche Art von lügenhafter Negativität wurde dann in Österreich auf besondere Art zur inoffiziellen Alltagskultur modelliert! Und mein zweiter Irrtum bezieht sich darauf, mir gleichsam eine Art

Vorbestimmung aus dem Kollektiv heraus zugeschrieben zu haben, heute würde ich mir das selbst anders erklären als willkürlichen Zufallstreffer aufgrund fragwürdiger Motivationsstrukturen und einer zweifelhaften Argumentation nicht aus dem Kollektiv, sondern primär aus dem familiären Umfeld heraus! Ich war sozioökonomisch sozusagen das fünfte Rad am Wagen und bin dieser Rolle bis heute treu geblieben! Und glaub mir, Mikaela, man lädt dabei ganz schön viel Schuld auf sich!

Damit komme ich auch schon zum Inhalt: Die Welt ist ein gedachtes Außenkorrelat eines Bewusstseins. Die Inhalte, die ich in meinem Bewusstseinsraum zulasse, die ich mir vorstelle oder überlege, basieren irgendwie auf meiner Natur, mithin auf meinem Selbst! Und deren Übereinstimmung mit der Realität garantiert mir zuerst niemand, Sachinhalte kann ich mit der Realität abklären, aber einen Mangel an Informationen kann ich mir nur spekulativ oder der Plausibilität nach ergänzen! Für mich persönlich spielt dabei die Sprache eine große Rolle, die verwendete und rezipierte Sprache, ich errechne ein Gutteil der Wahrscheinlichkeiten einfach aus der realen Sprache heraus, oder besser gesagt übernimmt diese Aufgabe mein Unterbewusstsein! Eine solche Vorgangsweise würde etwa im Bereich der Wissenschaften wohl nicht akzeptiert, aber ich habe keinen Geist mehr und werde nicht durch das Glas einer persönlichen Zeit irritiert! Die potenzielle Färbung durch subjektive Interessen reduziert sich, ich verfüge nicht einmal mehr über ein auf die Sprache bezogenes Unbewusstes! „Ich" ist beinahe nur noch ein kollektiver Strukturfaktor, und dennoch fühle ich mich ganz wohl in meiner Haut, sofern ich nicht an existenzielle Umstände denke!

Um wieder ein wenig von mir zu abstrahieren: Die Verwendung der Lüge als Prinzip ist Schuld, des Missbrauchs Schaden! Das Wort Schuld, habe ich früher festgestellt, kommt eher wie ein substanzloses Fähnchen daher, wenn es sich dabei nicht um materielle Tatsachen handelt, vertritt scheinbar hauptsächlich rhetorische Interessen, vielleicht vor dem Hintergrund versteckter Schuldgefühle! Aber allgemeiner könnte man hier sagen, Schuld ist eher ein Begriff des Kollektivs, Schaden des Einzelnen! Schuld bezieht sich auf einen noch nicht ganz in den Vordergrund getretenen Begriff innerer Gerechtigkeit, an sich eine höchstpersönliche Angelegenheit des Individuums, welcher aber auch eine Ahnung kollektiver Normativität um sich hat, obgleich er wohl von Person zu Person etwas unterschiedlich ausfällt! Um zur inneren Gerechtigkeit zu gelangen, muss man jedoch den Schritt über das Sein machen und sollte sich dessen auch einigermaßen sicher sein, also auch schon eine Wahrnehmung seines Selbst haben! Der Mensch wird sich seiner Verwurzelung in der Natur bewusst, hat aber kein eigenes Gefühl dafür entwickelt, es handelt sich dabei wohl eher um so etwas wie kognitive Intuition!

Der Gehalt des Begriffs Schuld besteht seiner Natur nach in einer Verfehlung gegen das Kollektiv und setzt die

Anerkennung kollektiver und auch kognitiver Strukturen voraus! Schuld meint also auch irgendwie einen Fehler gegenüber dem Menschsein, aber radikal umgewendet ist sie auch die absurde Behauptung, dass die Natur an sich schlecht sei! Derartige Gedanken können nur aus einer Ecke kommen: Schuld ist die Substanz der Selbstabgrenzung des negativen Dinges! Man könnte dem mit nur einer Prämisse wirksam entgegentreten: Das einzige ethische Prinzip besteht in der Gerechtigkeit! Aber dahin müsste man den Weg über das Sein nehmen und somit zum allergrößten Teil einfach akzeptieren, was ist!

Die Sprache ist gegeben! Wenn ein Mensch zur Welt kommt, existieren Wörter- und Grammatikbücher bereits, die alles Sprachliche beinhalten. Aber die Sprache, die ich während meines Lebens verwende, hat nicht nur etwas Persönliches an sich, sondern wird auch bei allen Menschen vom Geist beeinflusst oder verfälscht sowie auch von Perspektiven der inneren Zeit! Die Zeit wiederum ist eine magische Illusion, welche jedem seinen Anteil am Weltgeschehen zuweist, und zugleich eine mathematische, feste Konvention und physikalische Grundeinheit! Man müsste hier zwischen äußerer und innerer Zeit unterscheiden, und vielleicht macht das ja auch tatsächlich Sinn! Vielleicht kann man die innere Zeit auflösen, ohne dass das Auswirkungen auf die äußere Zeit hat? Die von einer Person verwendete Sprache wird jedenfalls von deren Geist und Zeit in geringem Maß manipuliert, sodass eine Diskrepanz zum Selbst und zur eigenen Natur entsteht, deren man sich aber wahrscheinlich nur ahnungsmäßig bewusst wird oder ist! Die Sprache, so wie sie ist, kann ich akzeptieren, ohne mich von meiner Natur entfernen zu müssen; Geist und Zeit haben aber diesen Effekt im Bewusstsein! Und da das menschliche Bewusstsein auch zu einem wesentlichen Teil aus Sprache konstruiert ist, wirkt sich das auf die gesamte Struktur der Innenwelt aus, deren Behälter das Bewusstsein darstellt! Die Verwendung der Sprache durch eine Person könnte man demnach mit dem Terminus Schuld konnotieren! Ich nehme aber nicht an, dass eine solche Definition im Rahmen der Moral existiert, und es geht hier wohlweislich auch nicht um eine Polarität von Gut und Böse!

Die menschliche Natur hat hier Vorkehrungen getroffen angesichts der Bezogenheit und der Kollektivverfasstheit des Bewusstseins. Jeder Mensch ist auf Konventionen angewiesen, diese können aber die jeweilige Substanz nur zu einem Prozentanteil ausfüllen, der sich zwischen der Hälfte und hundert Prozent bewegt! Der Rest kann oder muss von der Einzelperson ergänzt werden! Man lernt Konventionen, nimmt sie an oder integriert sie ins Bewusstsein und verliert dabei doch nicht den natürlichen Status als Persönlichkeit! Und die leichten Verfälschungen, der Dreh, den eine Person objektiven Tatsachen gibt, führen zur Ausbildung eines Geistes bezogen auf Sachen und Dinge oder zur Ausbildung der Seele in Bezug auf mein menschliches Umfeld und die objektive Natur! Geist und Seele sind nichts weiter als

Aktivierungen des und innerhalb des Bewusstseins mit der Funktion, die Bezogenheit des Einzelnen zum jeweiligen Kollektiv abzustimmen! Sie sind immer vorhanden, treten aber nur selten in aktiviertem Zustand in den Vordergrund der inneren Wahrnehmung, würden also nach tiefenpsychologischer Einteilung meist dem Bereich des Unterbewusstseins angehören!

Spirituelle Bewusstseinsmodelle unterscheiden zwischen mehreren Abteilungen, Schichten, Körpern oder Kammern usw. des Bewusstseins, wobei sich hier die Zahl sieben im Mainstream etabliert hat, und diese wiederum setzt auch einen schwachen Querverweis zu den Hormondrüsen des Körpers! Möchte man Geist und Seele hier aufteilen, dann würde der Geist vor allem die emotionale Schichte und die Objektwelt bevölkern und dem Körper selbst als grundlegender Schichte möglicherweise einen etwas höheren Tonus verpassen! Die Sprache kommt dann nur noch teilweise dazu, vielleicht zur Hälfte! Und darüber wäre dann die Seele, ausgehend von der Sprache in den Raum der Verantwortung, Ethik und Wahrnehmung hineinreichend bis hin zum Selbst und in jene letzte Kammer, die bei der Auflösung des Geistes und der Zeit als Nichts erscheint und danach die Ruhe des Bewusstseins darstellt, welches sich an den neuen Zustand gewöhnt. In der Kabbala wird diese Schicht als Kether, die Krone bezeichnet oder alternativ als Ayin, das Nichts. Aber ich sollte hier vielleicht nicht verhehlen, dass ich auch einen geringen Anteil an Skepsis gegenüber Spiritualität oder Esoterik aufbringe, nichtsdestotrotz eröffnet deren Begrifflichkeit den Zugang zu einem inneren Feld, das anders kaum kommunikativ abgedeckt wird! Doch lapidar weltlich betrachtet, helfen sowohl Geist als auch Seele dem Einzelnen, persönliche Unschärfen gegenüber dem Kollektiv und Konventionen abzumildern, abzurunden und in aktiviertem Zustand gegebenenfalls auch zu beseitigen! Die Seele lässt dann die Individualität einer Person in unversehrterem Zustand hervortreten, der Geist zielt auf die Kompetenz in Weltdingen, mithin auf die gesamte Existenz! Und beides sind Hervorbringungen der Natur im Hinblick auf den besonderen Zustand jedes menschlichen Bewusstseins!

Also noch einmal: Die Bezogenheit des Menschen führte zunächst zur Ausbildung von Konventionen und deren Akzeptanz, wobei die kollektiven Anteile wohl niemals die hundert Prozent an Abdeckung erreichen innerhalb eines Bewusstseins, also nicht bis an den Rand des Universums reichen! Ich hatte ein altes Sätzchen, welches etwa lautete: Der Mensch selbst ist das Universum und der Verstand ist die Menschheit! Die Konventionen sind innerhalb des Menschen logisch in seinem Bewusstsein, deren Mehrheitsanteil reicht aber nie bis an die Grenzen des Bewusstseins, überlassen dem Individuum die unbestrittene Souveränität! Man könnte sagen, die Substanz des Bewusstseins oberhalb der Sprache ist Energie, nämlich die der Seele, ebenso gut könnte ich aber auch die Natur als substanziellen Träger und Erhalter dieser Bereiche apostrophieren! Individuum ist Seele und auch Natur! Und der Geist hat vor allem in der

Gefühlsschichte unmittelbaren Kontakt mit der Natur, diese sind unverfälschter Ausdruck unmittelbarer Wahrnehmungen der Natur! Der Geist tendiert dann aber auch zu Emotionen, zur Mitteilung von Gefühlen, und diese beinhalten dann wieder den subjektiven Dreh einer Person, sind etwaigen Verfälschungen und Verzerrungen ausgesetzt!

Und hier bestünde dann auch die Möglichkeit, in der Genese des Menschseins die Negativität zu lokalisieren – „Wie kommt das Böse in die Welt?" -, die Entstehung des negativen Dinges! Dieses grenzt sich anhand von Konventionen selbst ab, aber vor der festen Einführung von Konventionen, ehe diese ausreichend Substanz hatten, gab es hier noch eine Art Kontinuum des Bewusstseins! Und es gibt wohl Menschen, welche diese Kontinuität noch heute wahrnehmen können und berücksichtigen, also die Grenzen zwischen Rationalität oder überschwelliger Normalität und negativem Bewusstsein der Absurdität oder Destruktivität gleichsam unterwandern können wie ein Gattertor, das eine Distanz zum Boden aufweist! Und von daher ist retrospektiv auch der spekulative Schluss zulässig, dass die Entstehung des negativen Dinges mit solchen Menschen zu tun gehabt haben könnte, ohne diesen heute, gegenwärtig in irgendeiner Form noch Schuld zuschreiben zu können! Frühe geistige, hauptsächlich emotionale Problematiken führten vielleicht zu exaltierten Lösungsansätzen, heute würde man das als Gemütsinstabilitäten im Kindesalter qualifizieren und einfach ohne viel Aufhebens abtun! So ein früher Mensch konnte noch das physische, menschliche Leben als kognitive Problematik wälzen, es vielleicht als eine Art Verirrung der Natur auffassen und seiner Ansicht nach entsprechend reagieren! Zu solchen Schlüssen kommt man aber einfach aus gemütsmäßiger Unzufriedenheit, aus Frustrationen heraus, also aufgrund emotionaler Instabilitäten! Der Teufel ein unzufriedenes Kind! Selbstverständlich macht es aber keinen Sinn, den Mythos der Entstehung des Bösen auf eine einzige, reale Begebenheit zurückzuführen; wahrscheinlicher wäre da schon die Lokalisation in einem frühen, noch weniger entwickelten Bewusstseinszustand und bei einer Art von Menschen, die inzwischen über Stereotypen erhaben ist und sich auch über weite Strecken als die Köpfe der Kulturträger erwies! Aber hier tritt möglicherweise noch die unverfälschte Kontinuität des Bewusstseins auf, welche nach Einführung oder Verfestigung der Konventionen einer Abgrenzung weichen musste, die wiederum hauptsächlich vonseiten der Negativität bewerkstelligt wurde! Und natürlich kann nicht ein Kind das Böse nachhaltig modellieren, sondern es muss zumindest warten, bis es erwachsen ist!

Als letzten Begriff im Kontext der Frage nach dem Menschen möchte ich nach der Natur, dem Bewusstsein, der Sprache und dem Selbst auch noch das Ich anführen, allerdings schon mit etwas geringerem Bedeutungsgewicht! In erster Linie geht es dabei wohl um Missverständnisse, welche sich um die Struktur dieses

Begriffs ranken und nicht selten mit dem Denken zu tun haben! Zunächst einmal definiert das Ich das Verhältnis des oder der Einzelnen zur Gemeinschaft, zum Kollektiv. Das ist noch keine große Erkenntnis, sondern ergibt sich einfach aus der Praxis der Verwendung! Durch eine leichte Abwandlung komme ich aber sofort auf die Gegenseite: Der Geist entsteht durch Lüge im Verhältnis Einzelner – Kollektiv! Und der Geist gehört mit der Zeit und dem Willen zu den Hauptbedingungen menschlichen Seins, durch welche wiederum die Kognitionen von Eigentum und Besitz entstehen und nachfolgend auch die entsprechenden Realitäten! Der Verstand sagt mir, ich muss mir meinen Anteil am Kollektiv sichern, schickt gleichsam die Sprachstruktur Ich los, um die Realität zu verändern! Dadurch wird unter Umständen eine Kaskade des Denkens losgetreten mit dem eher dürftigen Ergebnis, dass ich mich wohl am besten in die bestehenden Konventionen einordne und mir einen Platz suche, der meinen Fähigkeiten entspricht oder entgegenkommt!

So weit, so praktisch! Der systematische Fehler des Denkens besteht jedoch darin, das Ich von den anderen zu trennen! Die Sprache definiert den Einzelnen als Teil der anderen, das Wort ich verleitet hier aber zu einem Unterschied, der das Denken um sich selbst kreisen lässt! Die Systematik des Denkens führt unter dieser Perspektive nirgendwo hin! Die Gedanken stellen einen fortwährenden Vergleich zwischen dem Ich und den anderen an und weiters auch mit der Zeit, sodass man

Gedanken auch schon als die eigentliche Ursache unseres Unglücks bezeichnen könnte, was vielleicht etwas radikal klingt, aber sich durch ein einfaches Beispiel unterlegen ließe wie: Die Kontradiktion Leben – Tod ist die äußerste gedachte! Die Furcht vor dem Tod rührt vom Verstand her und weniger von dessen objektiver Realität! Und wenn man diese Konstrukte in die Psyche eines bockig-labilen Kindes mit negativer Gemütsverfassung transferiert, ist man möglicherweise gar nicht weit vom Ursprung der Destruktivität entfernt! Die sprachliche Substanz von Gedanken kann jemanden schon ängstigen, und die Negativität möchte dann gleich die ganze Sprache nicht akzeptieren müssen!

Es wäre schon viel, das Ich vom Individuum zu unterscheiden oder vom Selbst! Es von den anderen zu trennen, ist logisch gar nicht so notwendig, weil die Perspektive des Ichs ja eine Außenbetrachtung des Selbst darstellt, unter deren Inhaltselemente sich selbstverständlich auch gedachte oder angenommene Perspektiven der anderen mischen! Das Denken ist dann ein Rückbezug des Ichs auf – die Sprache oder auf meinen Körper? Die Inhalte des Ichs sind jedenfalls zum größten Teil nicht in meiner Verfügungsgewalt! Aber andererseits gehört es schon zu den Rechten jeder Person, dass ihrem Ich geglaubt wird, denn sonst wäre sie vogelfrei systematisch negativer Verfolgung ausgesetzt! Mikaela, ich springe hier ein bisschen in meinem Bewusstsein herum, und ich hoffe, Du kannst mir folgen, aber das Denken des Ichs verleitet dazu! Das Ich eröffnet einer

Person nicht nur den Reichtum der Sprache, sondern macht sie auch verwundbar, ausgesetzt den Bedrohungen durch die Negativität! Und dabei ist es nichts weiter als ein unschuldiger Botschafter, eine Struktur in der Sprache, die zur Andockstelle für jede Person wird!

Aber jetzt muss ich kurz weg! Bis später!

Herzliche Grüße,

Erich

14. Oktober 2024

Liebe Mikaela,

vielleicht sollte ich nach dem Ich noch einmal kurz auf die Zeit eingehen! Beide Begriffe scheinen aus Strukturen herzukommen, sind auf ihre eigene Art „leicht" und doch auf unterschiedliche Art sehr bedeutsam! Die Zeit könnte irgendwie das größere Problem darstellen, weil ihre Herkunft kaum durchschaubar ist und das Wort deshalb auch von der Negativität für sich reklamiert werden kann! Meiner Ansicht nach ergibt sich die Notwendigkeit zur Errichtung einer Struktur Zeit aus dem Unbewussten, das durch die sprachbezogenen Emotionen Stolz und Angst eine Spannung zwischen der Vergangenheit und der Zukunft erzeugt! Die Zeit wäre also eine bewusste, logische Folge der Zeitstufen Vergangenheit, Gegenwart und Zukunft, sie selbst bezieht sich jedoch nur auf Vergangenheit und Gegenwart, nicht auf die Zukunft! Der Gedanke Zeit wird auf astronomische oder andere zyklische Prozesse der Natur übertragen und entsprechend deren Realität unterteilt, ist an sich aber äquivalent zur Spannung des Unbewussten und somit eigentlich eine kollektiv-psychische Realität! Sie benötigt als Voraussetzung nur die Sprache und wird dann nach logischen Mustern zu einer festen, mathematischen Konstante! Und die Zukunft fiele in den Bereich der Ethik, eines logischen Ausgleichs nach Vorgaben innerer Gerechtigkeit, letztlich der Natur!

Das Wort Unbewusstes wurde, wie ich kürzlich gelesen habe, schon von Schelling verwendet, die Philosophen deckten mit ihren Inhalten jedoch hauptsächlich den Bereich der Negativität ab; die Zeit selbst kann aber nicht zu den negativen Inhalten gezählt werden, sie ist eine gültige Konvention! Das kollektive oder gesammelte Unbewusste ist in diesem Fall auch Teil jeder persönlichen Psyche, was dann unter Umständen zu einer interessanten Vermengung oder Vermischung von persönlichem und sprachlich motiviertem Stolz führen kann und gegebenenfalls ebenso auch im Hinblick auf die Angst! Die Zeit nimmt sich dagegen als wohltuend objektiver Faktor aus, und noch dazu kann sie damit argumentieren, die Dauer zu präzisieren oder zu sublimieren! Das Vorhandensein einer Sprache inkludiert bereits die Kognition Dauer, und das Bedürfnis nach der Zeit entstand also erst nach der Erkenntnis der Dauer! Doch ergibt sich im objektiven Sinn aus Dauer nicht notwendig die Hervorbringung Zeit, was deren Herkunft aus der Psyche, kommunikativ verbundenem, persönlichem Bewusstsein untermauert! Und sie wird dann zu einem unterbewussten Hauptfaktor des Denkens, stellt eine Entität dar, welche durch mathematische oder physikalische Genauigkeit alleine nicht ausreichend charakterisiert wird! Eine Psyche hat Probleme, die normative Gültigkeit der Zeit im Zusammenhang mit deren innerem Verständnis zu akzeptieren! Sie gewichtet die persönlichen, inneren Konnotationen mit der Zeit schwerer und fühlt sich durch die objektive Verallgemeinerung der Zeit überfordert! Eine Psyche kann nicht die inneren Zeitkonnotationen aller Menschen fassen oder verstehen, und daher kann die spontane Erkenntnis dieser Konvention in gewisser Hinsicht als Trauma empfunden werden! Im Hinblick auf diese besondere Struktur fühlt sich der Einzelne vielleicht traumatisch ohnmächtig gegenüber dem Kollektiv, oder anders herum: Das Kollektive wird für den Einzelnen durch die Zeit traumatisch!

Auch noch in einem anderen Aspekt erweist sich der Begriff oder die Struktur Zeit als „leicht", sie ist nichts weiter als und verbraucht schlicht Energie! Sie hat damit wohl eine Anmutung prinzipieller Künstlichkeit um sich und ist auch nicht so einfach aus dem Bewusstsein wegzubekommen, wenn man sie einmal abschalten möchte! In Bezug auf Objekte ist die Energie der Zeit jedenfalls berechtigt, hier dient sie auch zur Einteilung und in gewissem Sinn zur abstrakten Charakterisierung! Hier schadet sie auch weniger oder gar nicht, verbindet einfach die Innenwelt mit der Außenwelt und stellt dabei ihren Operator Geist in Dienst! Gemeinsam mit diesem begünstigt die Zeit auf der Objektebene die Idee der Lüge, welche aber durch kollektive Vorgaben, Regeln, Konventionen usw. im Rahmen gehalten wird! Im Raum über der Sprache kommt der künstliche Charakter der Zeit deutlicher oder störender zum Ausdruck, hier tendiert bereits ihr Ansatz zur Unehrlichkeit! Ich könnte das durch eines meiner Sätzchen zu unterstreichen versuchen: Die Zeit muss gesetzt sein, weil an ihrem Ursprung nur das Sein existiert!

Eine Behauptung aus der Alltagswelt: Die Zeit verbindet Menschen und Dinge in unverbrüchlicher Art! Und auch unter Menschen selbst gilt, dass einer mit anderen über die Zeit untrennbar verbunden ist! Das ergibt sich aus dem Wechselspiel von Zeit und Dauer um Ursachen, Anteile und Berechtigung – und das im Rahmen der Zeit! Die Dauer war früher, aber die Zeit bildet in gewisser Weise den Nenner alles Kognitiven im Bewusstsein, jede kognitive Entität wird durch die Zeit gebrochen oder miteinander in Beziehung gesetzt! Vom Zentrum des Bewusstseins aus, das sich wie die Wahrnehmung in der fünften Ebene oder Schichte befindet, ist die Entität Zeit selbst am weitesten entfernt und zugleich hat sie darin eine beinahe omnipräsente Gültigkeit! Aber ohne das Gefühl der Dauer wäre die Zeit vielleicht nie entstanden! Und die Zeit möchte das gleichsam kompensieren, die Funktion des Denkens kann auch aufgefasst werden als vom Motiv begleitet, Zeit in Dauer zu verwandeln! Und das Denken wiederum basiert auf dem Mechanismus der Abstraktion, welcher sich zu einer Konvention ausbildete, und dem Wort nach nicht viel mehr bedeutet als ein Abziehen von Oberflächen! Der Gehalt der Abstraktion lässt sich angemessen durch Zahlen ausdrücken oder dann durch anerkannte, mathematische Regeln! Zahlen sind Wörter, denen sozusagen schon der Ansatz der Abstraktion eignet! Abstraktionen führen, könnte man sagen, entweder zur Sprache oder ins Nichts, beides eigentlich feste Begriffe, und dennoch öffnet sich hier verstohlen auch ein Pfad, welcher zur Negativität führt! Im Bereich des Kognitiven gibt es auch falsche Abstraktionen, und solche nehmen dann unter Umständen den Weg von Unklarem zu Konkretem, oder verdeutlicht: Falsche Vorstellungen führen zu destruktiven Tatsachen! Dazwischen ist ein Wille geschaltet, der übers Knie gebrochen wird und somit für die Negativität dienstbar gemacht werden kann, obwohl der Wille vom Ansatz her eine natürliche Entität ist!

Ich möchte hier nicht zu lange bei Abstraktionen verweilen, aber ein kurzer Absatz ließe sich als Einschub möglicherweise gerade noch rechtfertigen! Wo kommen diese eigentlich her? Interessanterweise lässt sich gerade die Gefühlsschichte, welche etwa für den Geist die einzige Verbindung zur Natur darstellt, auch als Hintergrund oder Ausgang der Tätigkeit des Abstrahierens verstehen! Werden Gefühle mitgeteilt, kann das sprachlich selbstverständlich auch zu Missverständnissen führen, wie sich etwa an einem Gutteil der Emotionen erkennen lässt! Um noch weiter in den Hintergrund einzutauchen und dabei wieder von der Kognitionsschichte auszugehen, ließe sich für die graue Vorzeit der Kulturgeschichte spekulativ ausmalen: Die Diskrepanz zwischen Konventionen und Natur führte zu Angst! Die Mitteilung solcher Wahrnehmungen und Gefühle führte dann teilweise wohl auch zu Irritationen, und irritierte Emotionen führen ihrerseits, lässt sich wahrscheinlich konstatieren, zu Abstraktionen! – Eine Häufung des Zeitworts „führen‟ sticht hier, nebenbei bemerkt, schon einigermaßen ins Auge, und dazu nur ein kurzes Bonmot: Der Begriff Führer lässt sich von Platons Gesprächsführer ableiten! – Und selbstverständlich enthält die fertige Abstraktion Zeit sowohl wahre als auch falsche Elemente, was sie aber noch nicht als Element der dunklen Negativität charakterisiert! Im Übrigen bildet sich auch der Verstand gewissermaßen durch Abstraktion aus der Realität, die Sprache kann als abstraktes Bedürfnis aufgefasst werden, die Menschen zu verbinden, und die Zeit ist, wie schon angedeutet, eine abstrakte Illusion, die Menschen verbindet!

Die Zeit stellt dann, so leicht und abstrakt sie als Konvention ist, ihrerseits auch diverse Grenzen dar, etwa in Bezug auf den Verstand: Die Grenze des menschlichen Verstandes ist die Zeit, nicht die Dauer! Darüber hinaus könnte ich selbstbewusst postulieren, die Grenze der Zeit liegt zwischen dem Selbst und der Seele, also der vorgegebenen Natur und meinem Verständnis als Individuum, welches lebt und aktiv ist! Der Unterschied zwischen dem Selbst und dem Leben liegt also in der Geltung der Zeit, was das Leben einerseits als Ziel der Kanonen der Negativität identifiziert und andererseits dem Leben die Motivation verleihen kann, die Zeit aufzulösen! Die Aggression der Negativen richtet sich gegen die Zeit, und zugleich fungiert diese aber auch als objektive Substanz negativer Aggression, wozu sich ihre Leichtigkeit und scheinbare inhaltliche Substanzlosigkeit in besonderer Art eignet! Und die Negativität begibt sich dadurch nebenher jeden Anspruchs auf Logik! Außerdem kann dabei der Eindruck entstehen, die Negativität fasse die Zeit als für das Leben bestimmend auf, was sich bis zur äußersten Konsequenz ausdehnen lässt, die Negativität selbst sei die Folge des vermeintlichen Zwangs der Zeit! Und weiters ergibt sich daraus, wie schon erwähnt, die seltsame Konstellation, dass die Negativität das Leben angreift, aber nicht die Natur oder das Selbst! Bis zum eigenen Selbst erstreckt sich die negative Aggression dann doch nicht! Es herrscht im Umfeld der Zeit offenbar ein subtiles Denken vor, aber auch eine genaue Wahrnehmung, und der Anteil der Negativen an der Diskussion ist hier vielleicht ein wenig höher als bei anderen Begriffen, was die Gültigkeit der Zeit als Konvention aber nicht in Frage stellen konnte! Sie ist vielleicht die äußerste Konvention im Bewusstsein, aber sie ist nicht umfassend, es gibt auch Bereiche außerhalb oder oberhalb der Zeit!

In gewisser Hinsicht stellt die Zeit also einen positiven Inhalt der Negativität dar, wobei man hier das Denken einigermaßen umdrehen muss, um einem vorgeblichen Duktus folgen zu können, und man kommt dann ins Feld des Irrationalen hinein! Irrationalität, könnte man sagen, ist Lüge mit einem Schuss Verrücktheit, definiert sozusagen die Außenansicht der dunklen Negativität! Aber auch im Bewusstsein bleibt inhaltliche oder gehaltsmäßige Gegenläufigkeit nicht ohne Folgen, zieht sie eine geistige Spur! Und der Geist könnte unter diesem Aspekt als die Suche eines Menschen nach dem Ursprung seiner Zeit verstanden werden! Irrationales ist aber auch die realisierte Furcht vor dem Tod, bezeichnet Tatsachen, deren Verbindung zu notwendig vorhergehenden Bewusstseinsinhalten nicht nachvollzogen werden kann! Eine Diskrepanz von Gemützzuständen zu ausgeführten Handlungen im Bereich der Negativität lässt sich nicht logisch-rational erklären oder auflösen! Eine Parallele dazu würde sich im Missbrauchsgeschehen finden, wo die Zeit eine Unterteilung in die Kategorien Vorher/nachher motiviert; das Dazwischen fällt logisch-rational durch den Rost! Bezüglich des Handelns, und das nur nebenher erwähnt, fällt aber auch noch die Ethik ins Gewicht, und deren Begrifflichkeiten finden sich in der fünften Schichte des Bewusstseins, der Seele, dem individuellen Leben! Nur müsste man von unten her die Sprachschichte durchqueren, um dahin zu gelangen, man müsste einfach die Dinge nehmen, wie sie sind, das verlangt das Sein; die Sprache präsentiert sich dem Geist jedoch mitunter als Spiegel, der einfach reflektiert und nicht durchlässt! Die Sprache bildet nicht selten den Plafond des Denkens, und unter Voraussetzung der Negativität ersetzt das Irrationale dann die Ethik, die Anforderungen der inneren Gerechtigkeit!

Ähnlich der Gegenwart zeichnet auch Irrationales ein zeitlicher Schwebezustand aus, doch kommt hier anders als bei der überschwelligen Gegenwart die Absurdität negativen Denkens zum Ausdruck! Negativität verbindet die Zeit scheinbar grundlos mit Irrationalem und ist rückwirkend auch resistent gegenüber Erklärungsversuchen! Und sprachspielerisch könnte man zur objektiven Erkenntnis mit Definitionscharakter kommen, irrational sei eine negative Betrachtung der Zeit! Dann befindet man sich gleichsam auf der Homebase der Negativität, welche eben irrational leugnet, was oder wie etwas ist! Irrationalität ist, so gesehen, ein Spiel mit falschen Begründungen und kann verallgemeinert wie ein Programm zur Abschaffung des Seins aufgefasst werden! Irrationales und Sein verhalten sich wie Feuer und Wasser zueinander! Und der Gipfel der Irrationalität besteht in der Einbeziehung des Todes ins Portfolio des Handelns, ausgehend von Gemütszuständen, für deren emotionale Grundlagen sich ein Kleinkind schämen würde!

Irrationales ist ein künstliches Ding auf dem Weg zum Tod, der Tod wiederum ist auch überschwellig verbunden mit der Dingeigenschaft Dauer, von da auch das normale Besitzdenken, und anders geht es von da ebenfalls nach draußen durch das Ventil der Inkompatibilität: Die Emotion Hass spiegelt an Lebenden den erlebten Missbrauch als Tod wider! Der Hass ist dann nicht mehr und nicht weniger als eine Dissoziation eigener Erlebnisse, ein pathologischer Zustand! Ein negatives System kann dann gleichsam Leben und Tod als Motiv verwechseln, daher vielleicht auch der Name „negatio", Verneinung des Lebens! Jedenfalls führt die Irrationalität, wenn sie freigelassen wird, wie die Geschichte zeigt, zu Tod und Blutbad! Irrationales steht dem Leben diametral entgegen und man könnte aus dem verwendeten Sprachgebrauch erschließen, dass es dabei um eine Auslöschung oder Vernichtung des Bewusstseins schlechthin ginge, was aber durch einen bewirkten Tod nicht erreicht werden kann, nicht einmal inklusive anschließender, vollständiger Verbrennung! Man kann eine Existenz auslöschen, aber nicht ein Bewusstsein! Das Wort Person als Bezeichnung für einen Menschen kann in objektivierter Perspektive auch als irrationales Festhalten an der Sprache begriffen werden! Die Zukunft wird über den Tod hinaus verlegt, und mit einem Schuss Negativität findet im Kontext auch die Opferproblematik ihren Platz! Die Selbstbezeichnung als Person ist auch mit der Annahme des Opfers als Möglichkeit verbunden, ebenso der objektivierte Person-Begriff! Allerdings kommt es dann durch die Voraussetzung des Objektivierens zu fehlender

Selbstreflexion! Und somit könnte man eine brisante Formulierung riskieren wie: Das Wort Person wurde im Holocaust auf dem Altar geopfert, verbrannt! Und die Negativität, ein Denken und eine Haltung, die auf der Existenz des negativen Dinges basieren, erweist sich als Schutzsystem des Irrationalen!

Das Vorhergehende lässt sich etwa damit zusammenfassen, dass das Irrationale absichtlich von dem abweicht, was gilt! Der dialektische Graben des Inkompatiblen, welcher im Wesentlichen die Lüge beinhaltet und auch eine Veränderung bewirkt, ist nicht ein Nebenher des Duktus der Negativität, sondern die eigentliche Absicht, das Ziel, hinter dem man sich auch verstecken zu können wähnt! Und wie gesagt, das Irrationale im Zusammenhang mit der dunklen Negativität ergibt sich hauptsächlich retrospektiv aus einer Beurteilung der Praxis! Im Wesentlichen ginge es um eine Genauigkeit der Wahrnehmung, welche durch das Missverständnis der Zeit jedoch schon auf die Probe gestellt oder herausgefordert wird! Ich könnte Freiheit einmal anders interpretieren und betonen, der Begriff meint ein Freisein der Wahrnehmung von Verzerrungen! Dann kommt man zu einer Zentrierung des Seins, und gleichsam von selbst erschließt sich der Bewusstseinsraum oberhalb der Sprache, der Ethik! Die Zeit ist aus einer objektiven, persönlichen Perspektive ein mathematischer Bruch von Realitätselementen durch die wahrgenommenen Personen, welcher dann analogisch internalisiert wird und einen Verallgemeinerungsstatus erhält! Die äußere Zeit der Uhr und des Kalenders wirkt dann wie ein schwacher Abklatsch der tatsächlichen Konstitution der Zeit innerhalb jedes persönlichen Bewusstseins, aber jene gilt als Konvention, und mit der inneren Zeit zu kämpfen obliegt dem jeweiligen Menschen!

Die Negativität etwa fasst die Zeit als Bedrohung durch das Kollektiv auf und geht damit noch einen kleinen Schritt weiter als das Bewusstsein jedes Menschen bei der Erkenntnis der Zeit! Die emotionale Sturheit der Negativen wächst sich hingegen zur Intentionalität aus, welche dann einen Wert oder ein Prinzip für sich darstellt, das unbeirrbare Festhalten an einmal gefassten Absichten ohne alle Begründung! Geistig betrachtet, ist die Intentionalität das eigentlich Furchtbare am Negativen, weil hier eine Art Wille geschaffen wird, den es natürlicherweise gar nicht gibt und der durch seine Permanenz die Rationalität bei weitem überschreitet! Dennoch reicht auch das Intentionale nicht bis an den Rand des Negativen, die Diskrepanz muss jeweils durch geistige Mechanismen, durch erlernte, kontrollierte Gewohnheitsmuster aufgefüllt werden! Für einen Negativen eignet sich noch am ehesten das Bild eines Automaten, in den man eine Münze einwirft!

Um aus einer anderen Ecke heranzugehen: Negativität ist ein Tun auf die Basis der Möglichkeit hin! Die Substanz der Möglichkeit wiederum nährt sich aus einer realen Bewusstseinskonstellation in der Vergangenheit, und im

Falle der Negativität wird die Möglichkeit zu einem Lapsus, einem Sprung über einen unverdauten Inhalt, der zum Strauchen oder gar zum Ausgleiten führt, einem Fehltritt, weil man vor dem Anblick eines konkreten Bewusstseinsinhalts zurückschreckt! Die Möglichkeit ist dann wie eine Zyste, deren inhaltliche Bearbeitung umfangreiche Vorarbeiten erfordern würde, denen man sich jedoch unmöglich aussetzen kann! Der Denkfehler liegt dann nur darin, diese Problematik der Möglichkeit als allgemein gegeben anzunehmen oder vorauszusetzen, und das Ergebnis sind dann, abstrahiert in den Bereich der Physik hinein, sogenannte „schwarze Löcher", Konglomerate aus Zeit, Feuer und dem Tod! Ich kann die mathematischen Herleitungen und Gedankengänge in der Physik nicht nachvollziehen, aber in diesem Bewusstseinskontext sind schwarze Löcher Illusionen genau wie auch die Zeit!

Ein Mensch kann also im Verhalten eines anderen irgendwie die Zeit erkennen, und von daher ist es nicht so weit zum Vorsatz, die Zeit eines anderen zu manipulieren! Und Zeit heißt quasi eine geringe Distanz zum Boden der natürlichen Realität, welche allerdings als permanent zu betrachten ist, eine Abgehobenheit im wahrsten Sinne der Bedeutung, wobei sich die Distanz selbstverständlich verändern kann! Hier wirkt also im geistigen Bereich gleichsam die Schwerkraft, und eine plötzliche Auflösung der Zeit würde dann einen geistigen Absturz mit sich bringen, welcher jedoch vom System des Bewusstseins aufgefangen würde, auch wenn das vielleicht ein kurzes

Blackout mit sich bringt! Dabei würde sich aber auch der Geist auflösen, und eine Wiederkehr des Bewusstseins würde sich dann wahrscheinlich recht anders anfühlen! Eine negative Auffassung der Zeit dagegen könnte zu absichtlichem, unethischem Handeln motivieren und die Verwechslung von Zeit und Dauer das „negative Ding" modellieren! Ziel der Negativität wäre dann das Außer-Kraft-Setzen der Sprache, und die Zeit muss dann als Werkzeug herhalten, welches das sprachliche Kollektiv teilen, aufspalten soll! Missbrauch an sich bedeutet, dass jemand nicht an die Gültigkeit der Sprache glaubt! Und in einer allgemeineren Perspektive könnte man dann feststellen, dass das Gegenläufige in der Kultur wohl dunkel-negativ motiviert ist, wobei es sich im Einzelnen nicht so einfach herausfiltern lässt! Die Zeit ist selbstverständlich eine Sammlung von Positivem und Negativem, und sie lässt sich auch dazu missbrauchen davon abzulenken, dass sich im Zwischenraum der Inkompatibilität nichts befindet außer wahrscheinlich ein Ärgernis der Lüge, welches dazu angetan ist, die Motivation der Negativen in die Zukunft hinein zu verlängern!

Die Skulptur „Der Denker" von Rodin wäre wie geschaffen, die Symbolik der Zeit zu repräsentieren! Diese eröffnet eine Parallelwelt zum natürlichen Sein, fungiert auch als Motivation zur Gestaltung der Fantasiewelt, bringt aber die nicht unerhebliche Gefahr für das Bewusstseins mit sich, auf Ab- oder Irrwege zu geraten:

Der Irrtum des Geistes besteht vorzugsweise entlang seiner Zeit!

Herzliche Grüße,

Erich

22. Oktober 2024

Liebe Mikaela,

wenn ich an die Sprache denke, stelle ich mir eine Art Nachthimmel im Bewusstsein vor, einen dunklen Raum, in dem die Begriffe wie sandfarbene Planeten leuchten, und gegebenenfalls gibt es zwischen diesen Kugeln auch noch Verbindungen etwa nach dem Modell des Atomiums! Und retrospektiv, nach meinem Erlebnis im Alter von 17, nehme ich an, dass der Geist diesen Kugeln auch einen bestimmten Dreh verpassen kann, welcher dann mehr oder weniger dauerhaft ist und die Konstellation möglicherweise leicht verzerrt! Und selbstverständlich ist die Sprache dynamisch im Prozess des Alltags und des Lebens, die Korrelationen von Begriffen verändern sich! Nach der Auflösung der Zeit und des Geistes fallen die gewohnten Verbindungen zunächst scheinbar weg und der Drall der Begriffskugeln richtet sich zurück aus nach den Regeln der natürlichen Anziehungskräfte oder der Schwerkraft, die Sprache ist dann so, wie sie ist, und ein Bewusstsein kann sie nicht mehr verändern oder hat auch gar kein Interesse daran! Kugeln im Universum des Bewusstseins!

Nun haben diese Kugeln aber keine Aufschriften, und diese Vorstellung ist nur eine Vergegenwärtigung nach Mustern, wie man sie etwa im Geometrieunterricht lernt! Im siebenteiligen Bewusstseinsmodell nimmt die Sprache eine ganze Schichte ein, die vierte und damit zentrale, und unter Einbeziehung meiner Person, Subjektivität und Individualität kann ich mir diese Schichte auch als einen homogenen, breiartigen Raum vorstellen, dessen Moleküle sich nicht voneinander unterscheiden und der deshalb als verschobene Substanz materialistischen Denkens interpretierbar wäre! Die Materie der Objektivität ist vielleicht die Substanz der Sprachschichte! In dieser Substanz kommt es dann zum Aufleuchten von Begriffspunkten, wenn sie gebraucht werden, um zu denken oder gegebenenfalls zu kommunizieren! Ich pflücke mir die Sprache gleichsam aus meinem Inneren, und mein Bewusstsein lässt mich dabei nur selten im Stich! Aber einerlei, ob es dabei um Kugeln im Nichts oder Materiepunkte geht, die Hauptarbeit erledigt mein Unterbewusstsein, und ich sehe nur die beinahe fertige Struktur etwa von Gedanken oder Sätzen und nehme bewusst dann nur noch quasi den letzten Schliff vor!

44

Um an den vorherigen Brief anzuschließen, die Abstraktion Zeit entsteht nach einer Anmutung der Sprache und nach der Erkenntnis der Methode der Abstraktion! Die Grundgröße Zeit ist die Abstraktionskonvention schlechthin! Abstrahiert werden kann aber nicht nur von sichtbaren oder generell wahrnehmbaren Dingen oder der Natur, sondern auch von zystenartigen Möglichkeiten im Bewusstsein, von Vergangenheit, welche nie gelebt wurde und entsprechend leblose Ergebnisse liefert! Das Denken abstrahiert, um gegebenenfalls anzuwenden! Funktionell ist diese Vorgangsweise aber nur im Objektbereich unterhalb der Sprache und vielleicht auch in der Sprache selbst, aber nicht mehr in Schichten über der Sprache, also auch nicht in Bezug auf andere Individuen, hier bildet die Kommunikation die gemeinsame Basis! Und einem prinzipiell negativen Denken kann man dann einfach entgegenhalten, dass das Selbst eine gemeinsame Plattform für das Ich und die anderen darstellt, allerdings oberhalb der Sprache, wo sich negatives Denken scheinbar seiner Kompetenzen begibt! Eine negative Ethik votiert für das Denken anstatt für die Wahrnehmung einer inneren Gerechtigkeit! Denken lässt sich auch im negativen Sinn rechtfertigen, hat aber auch Auswirkungen im Rahmen der Gesamtverfasstheit des Bewusstseins, welches in die Natur unveränderlich eingebettet ist! Das Selbst ist konventioneller Regelhaftigkeit entzogen, weil hier die Natur die Mehrheit der Substanz einnimmt, was aber nicht zur Beliebigkeit berechtigt! Man kann die Natur nicht einfach mit Chaos verwechseln! Die Ausblendung von Selbst, Seele, natürlicher Wahrnehmung und Ethik, möglicherweise auch der Transzendenz ändert nichts an deren Vorhandensein, an deren Teilnahme an der Konstitution des Bewusstseins! Prinzipielle Denkschablonen können nur zu Formen der Leblosigkeit führen, und von daher ist auch das Hornsignal, mit dem die Negativität zum Angriff bläst, verständlich! Das Leben ist so leblos, dass es beseitigt werden sollte – nur bei anderen, wohlgemerkt!

Mikaela, bitte verzeih, dass ich hier etwas derb werden muss, aber ein Betroffener negativer Systematik ist ein Arschloch! Das wird durch die geistige Spiegelfunktion der Sprache aus der Emotions- oder Objektschichte heraus bewirkt, wobei die Ecke der Herkunft nicht immer erkennbar sein muss! Ist man der Lüge ausgesetzt, muss man gleichsam alles Negative durchmachen, die Negativität stellt dem Leben einfach die Lüge gegenüber – nur bei anderen, wohlgemerkt! Ein „authentisch" Destruktiver hat sich im Bewusstsein eines Normalen eingenistet, lebt von diesem, wenn dieser genügend Substanz aufzuweisen hat, und übt in diesem fremden Bewusstsein die ganze destruktive Macht der Sprache aus! Auf welche Art der Prozess des Einnistens vor sich ging, ist ex post nicht mehr nachvollziehbar, falls sich das Ganze bereits in der frühen Kindheit zugetragen haben sollte! Eine Flasche wird in einen Brunnen geworfen, sinkt ab und verwandelt sich in einen Menschen; der Brunnen entpuppt sich als Höhle, die ins Bewusstsein des Betroffenen führt, der Eindringling schwimmt beinahe bis ins Zentrum und taucht gleichsam in einer unterirdischen Grotte auf! Er ist jetzt im Ich oder manchmal sogar das Ich seines Wirtes, und dieser kann nicht mehr deutlich unterscheiden, was oder wer er selber ist! Eine Identitätsproblematik durch verstohlenes, unerlaubtes, aber sehr beabsichtigtes Eindringen! Und von dieser Position der Verborgenheit aus kann der Eindringling Macht ausüben, alle Macht, welche die Möglichkeiten der Kombination von Worten zulassen, die gesamte Macht, die eine Sprache in negativer Hinsicht generieren kann! Die Sprache stellt die oberste Kulturschichte dar und alles, was sie nach unten hin, also in die Welt der Objekte und Konventionen, aber auch der Emotionen, bezeichnet, erhält automatisch einen Dingcharakter, ist mit Dingeigenschaften versehen abhängig vom sprachlichen Inhalt, der gerade ausgedrückt wird! Wenn ich über einen Menschen spreche, erhält dieser implizit den Dingstatus, wenn ich mit derselben Person kommuniziere, spielt sich die Interaktion auf Ebenen oberhalb der Sprache ab! Hinterrücks aber ist der Betroffene für mich sozusagen das perfekte Ding, weil Menschen zugleich auch Lebewesen sind und in Summe viel mehr Fähigkeiten aufweisen als das Subtilste aller Dinge! Tragend erweist sich für solche Unternehmungen eben die Sprache und im Besonderen das Wörtchen „ich", das ja nicht immer so ganz genau genommen werden muss! Wer ließe sich andererseits einfallen, über sein Ich manipuliert werden zu können? Die Negativität maßt sich einfach das Ich eines Substanziellen an, von jemandem, der sein Leben nach vernünftigen, rationalen Kriterien zu gestalten versucht entlang den Konventionen der Kollektivität! Und die Negativität erkennt die Gültigkeit der Sprache nicht an oder versucht diese permanent in Frage zu stellen! Mit Hilfe der Sprache aber kann sie alles manipulieren, was durch Sprache objektiv ausgedrückt werden kann! Ein Betroffener wird sich selbst nicht als Arschloch auffassen, er kann aber nicht verhindern, dass das womöglich alle anderen tun! Und die Fäden zieht dabei ein Parasit, der verborgen in dessen Bewusstsein lebt! So lässt sich Macht definieren in einem Verständnis, das bis zum Ende der Feudalzeit gültig war, jemand unterwirft sich sozusagen aus Eigenem der Gültigkeit von Konventionen und wird dabei wie von einer unsichtbaren Macht permanent in einem distanzierten Dingstatus gehalten, möglicherweise zu seinem eigenen Schaden, jemand ist einem unwiderstehlichen oder unvermeidlichen Gestaltungsprozess unterworfen, der von außen zu kommen scheint, dessen Steuerungszentrale sich aber als Fremdkörper in seinem eigenen Inneren befindet! Und er bräuchte dann nur ein Mittelchen, eine Tinktur, die es ihm gestattet, den Eindringling samt Einlassungen und Einsprengseln loszuwerden! Eine Kur, die vielleicht zum Erbrechen führt, aber so ist das bei Reinigungsprozessen nun mal! Das Wort „ich" lässt sich wie ein mathematischer Operator, der sich flexibel an der Schnittstelle zwischen dem Einzelnen und dem jeweils angesprochenen Kollektiv befindet, auffassen, das Ich steht hier gleichsam an der Front, und die Negativen lassen sich unter Umständen sogar bezüglich ihres eigenen Ichs vertreten! Man steht im Schatten der Sprache, und aus dieser vermeintlich sicheren Position heraus kann man sowohl andere Menschen angreifen als auch die Sprache selbst! Und da solches Verhalten wohl eher blutleer daherkommt, greift man auch gleich das Leben an, denn dieses kann logisch ja als die letzte Ursache der gesamten Misere ausgemacht werden! Das negative Ding, der Missbrauch insbesondere von Kindern, entstand sui generis, einzigartig! Es generiert eine Kaskade von unnatürlichen, einem Bewusstsein künstlichen Einzelelementen, die sich wie Trichinen oder andere Parasiten in einem lebenden Gewebe festsetzen und nicht leicht zu entfernen sind wie Zysten an den medizinischen Geräten schwer zugänglichen Stellen! Und wenn sich ein Wirt solcher Parasiten selbst als Parasit in einem fremden Bewusstsein einnistet, entsteht eben ein Arschloch!

Man könnte die Philosophie auch unter dem Aspekt auffassen, dass sie die Frage stellt, ob die Sprache gültig ist, ob hier eine Konvention vorliegt mit allgemeinem Verbindlichkeitscharakter? Und die Dialektik als ein Teil der angewandten Philosophie meint letztlich das Auffinden der Geltung der Sprache, so eine solche vorhanden ist! Für den Menschen als natürliches Wesen ist das jedoch nur eine künstliche oder in diesem Sinne theoretische Problematik, er wird von klein auf mit gültiger Sprache konfrontiert, er weiß, dass das Selbst, seine Natur, lebt und das Ich ein sprachliches, theoretisches Konstrukt ist! Und ein vernünftiger Mensch müsste schon beide Augen schließen, um dahinter eine Falle der Destruktivität zu vermuten oder zu befürchten!

Nur ein Ding, welches selbst unnatürlich daherkommt, kann zu solchen Haltungen motivieren! Und ein Betroffener einer solchen Haltung wird zum Opfer, an oder in dessen finaler Bewusstseinsperspektive jedoch ebenfalls wieder die Natur steht, weil diese nun mal alles umfasst, auch Arschlöcher und deren Marionettenspieler!

Die Sprache hat sich als eine Struktur verdichtet und herauskristallisiert, welche der menschlichen Grundverfasstheit, seiner Bezogenheit Rechnung trägt! Durch die dann abstrahierte Sprache unterscheidet sich der Mensch aber von der restlichen Natur, und ein negatives Bewusstsein könnte diese Tatsache schon als Angriffspunkt ins Auge fassen! Negativität ist offenbar von Grund auf mit der Menschheit unzufrieden, möchte etwas ändern, kann aber keine Alternativziele konstruieren, weil der Mensch selbst auch nur einen Ablauf im Prozess der Natur darstellt, und über die Natur reicht das menschliche Denken eben nicht hinaus! Die Negativität lässt die Natur übrigens koexistieren, greift sie gegebenenfalls nur an, um ihre Macht zu demonstrieren! Die Natur selbst ist nicht das Ziel negativer Aggression, aber durch den Missbrauch der Konvention Sprache werden die Elemente der Natur durcheinandergebracht, entsteht eine unlogische und irrationale Künstlichkeit, welche die Künstlichkeit der Kultur noch überhebt und dieser eine eigene Atmosphäre verleiht!

Man könnte das siebenteilige Bewusstseinsmodell, auf das ich mich immer wieder beziehe, auch in zwei Dreierblöcke einteilen, von der Basis auf der Körper und die Gefühls- oder Emotionsschichte mit der darüber befindlichen, ausgedehnten Welt- oder Objektschichte einerseits, und als zweiten Block die Schichten vier bis sechs, die Sprache, die Wahrnehmungs- oder Verantwortungsschichte des Individuums und als sechste Ebene das Selbst, die natürliche Vorausstattung eines Menschen im Hinblick auf die Kapazität des Bewusstseins! Die Sprache bildet dann die Grundschichte des zweiten Bewusstseinsblocks, in dem andere Regeln gelten als im Bereich des ersten! Hier herrscht Objektivität nach der Maßgabe mathematisch-logischen Denkens, dort begegnen die Menschen einander als Teilnehmer an einer gemeinsamen Struktur, der Sprache, welche sie brauchen um miteinander zu kommunizieren, welche aber keinen Mehrheitsanteil des eigenen Wesens innehat! Die Sprache dient auch zur Konstituierung des Bewusstseins, ist aber nur ein Mittel, das sich in die Natur einfügt, wofür die Konventionen sorgen müssen! In diesem zweiten Bewusstseinsblock ist der Mensch vor allem ein Naturwesen und die Transzendenz eröffnet die Möglichkeit, die Kollektivität der Kultur, welche das einzelne Bewusstsein übersteigt, wieder an die Natur anzuschließen oder dahin zurückzuführen! Und die siebte Schichte schließlich ist die feinste und gegenüber den beiden Blöcken in dieser Hinsicht neutral! Sie ist so subtil, dass sie unmerklich auch in allen anderen Schichten vorhanden ist, jedoch von den Aktivitäten des Geistes und der Seele überdeckt wird!

Somit gibt es mehr oder weniger feste Strukturen in einem Bewusstsein wie etwa die Vorstellung der Objektivität, der ganzen Welt oder das Element der Sprache, die persönliche Geschichte und Vergangenheit, und dann gibt es auch die nicht zuletzt in der Spiritualität herausgestellten Tätigkeiten des Geistes und der Seele im normalen Alltag wie auch in besonderen Phasen der Aktiviertheit! Der Geist herrscht im ersten Dreierblock vor, die Seele im zweiten und gemeinsam bilden sie eine Art Kontinuum als Reaktion auf die Abgehobenheit der Kollektivstruktur der Kultur von der Natur! Der Geist genoss viel Ansehen in der humanistischen Kulturtradition bis zum Ende der Monarchien, die Seele gehört zur Domäne der Religionen! Die Bezeichnungen der antiken Sprachen „spiritus" und „psyche" tragen wie einige Fremdwörter jedoch eher zur sprachlichen Verwirrung als zu kognitiver Transparenz bei, in der okzidentalen Kultur kommt die Seele erst im Prozess des Todes so richtig zur Geltung, während die Bewusstseinszustände während des Lebens der Psychologie anheimfallen! Die Seele wird phylogenetisch, könnte man spekulieren, notwendig durch die Existenz einer Wortsprache, was sie von der Zeit unterscheidet, deren Entstehung logisch-mathematischen Denkmustern folgt! Und die Zeit hat den Geist im Schlepptau! Die Sprache, welche für die Seele relevant ist, basiert im Bewusstsein aber auch auf den unbewussten Emotionen des Stolzes und der Angst, die Seele arbeitet sozusagen dagegen, möchte zur Wahrheit hinführen – die volle Wahrheit wäre Natur! -, muss dabei aber sowohl die kollektive Kultur als auch die persönlichen Erfahrungen mit dieser gleichsam durchdringen und gerät damit in Gefahr, selbst zur Ungenauigkeit der Konventionen gegenüber der Natur hinzuleiten, solange sie nicht endgültig zur Natur durchdringt! Ein wenig alternativ zur Anmutung der Seele in den Religionen kann sie also durchaus auch mit der Lüge zu tun haben, die sich letztlich aus der spezifischen Art der Bezogenheit der Menschen ergibt, welche der Kultur zugrunde liegt! Die Seele lügt dann vielleicht aus Stolz und leidet zugleich darunter, wie einem aufmerksamen Bewusstsein auch spürbar wird! Und die Lüge der Seele ist quasi eine allgemeine, keine konkrete, kann aber als solche von triumphierender Negativität dankend in Empfang oder Anspruch genommen werden!

Um noch ein wenig beim in der Philosophie nicht gerade zentralen Begriff der Seele zu bleiben, könnte etwa oberflächlich zwischen aktivierter und „kalter", alltäglicher Form der Seele unterschieden werden! Aktivierung kommt in diesem Bereich wohl eher selten vor und wird dann zu den mystischen Zuständen gerechnet, und somit könnte das Gefühl einer Abwesenheit der Seele während des Alltags entstehen, das unter Umständen auch dazu geeignet ist, die Substanz oder Substanzhaftigkeit der Seele überhaupt in Frage zu stellen! Die Seele hat aber eine starke Verbindung zur ebenfalls in der fünften Ebene ansässigen Bewusstseinsentität innerer Gerechtigkeit, welche zwar genauso der Anmutung nach mehr verborgen als manifest ist, jedoch eine zentrale Funktion bezüglich der auch kollektiv organisierten Abläufe der Kultur innehat! Das Prinzip innerer Gerechtigkeit darf oder kann über Menschen gemittelt nicht längerfristig verletzt werden! Was in der Objektschichte anhand von Werten rational oder auch geistig verhandelt werden kann und somit gegebenenfalls in den Bereich des Zivilrechts fällt, wird im zweiten Dreierblock des Bewusstseins durch die innere Gerechtigkeit geregelt, welche im Wesentlichen aus der Anteilnahme an der Sprache entspringt!

Es gibt bislang kaum befriedigende Theorien zur Gerechtigkeit, möglicherweise deshalb, weil nicht zwischen objektiver und innerer Gerechtigkeit unterschieden wird, zumindest nicht explizit, und diese Theorien den Ausgleich über das gesamte Thema der Gerechtigkeit suchen, was dann zu mehr oder weniger „weichen" Ergebnissen führt! Von einem Gericht festgesetzte Gerechtigkeit bezüglich Sachen kann knallhart sein, im Bewusstseinsbereich über der Sprache jedoch kommt eine andere Form der Gerechtigkeit zur Geltung, welche aber selbstverständlich dieselben Substanzinhalte des Wortes gerecht aufweist, nur treffen hier Menschen auf andere Menschen oder die Natur; Menschen können unterschiedlich sein und weisen lediglich das Merkmal der „Mitmenschlichkeit" auf, was immer man darunter verstehen möchte! Dennoch wage ich hier die Behauptung, dass die innere Gerechtigkeit in der Realität fester zum Ausdruck kommt, was auch deshalb verständlich ist, weil die Justiz nicht für die vielfältigen Handlungen und Verhaltensweisen des Alltags bemüht wird, sofern sie nicht grob gegen das Gesetz verstoßen!

Die Richtung von der anderen Seite her nehmend, könnte ich aber auch behaupten: Geistiges im Objektbereich strebt nach Aktivierung der Seele! Die Abgrenzungen von Dingen, welche meist von deren Bezeichnungen nachempfunden werden können, also eigentlich Abgrenzungen von Worten oder Begriffen repräsentieren, haben sich in der Realität verdichtet und verfestigt und können, wie gesagt, auch Gegenstand rechtlicher Auseinandersetzungen sein! Besitz und Eigentum sind Grundkategorien der menschlichen Existenz, welche der Herkunft nach wohl auf einem Verständnis der Zeit basieren! Insofern wäre objektive Gerechtigkeit eine Berechnung der Zeit unter Einbeziehung der involvierten Sprache! Und diese äußere Gerechtigkeit wird im Bewusstsein mit dem Gefühl innerer Gerechtigkeit korreliert oder daran abgeglichen im Wissen, dass sich die innere Gerechtigkeit eben von der objektiven unterscheiden kann, wobei zumindest die Richtung in den allermeisten Fällen übereinstimmen wird! Aber die Tatsache der Rückbezugs auf eine innere Instanz verweist eben auf den Aufbau des Bewusstseins, welches zunächst von der unmittelbaren Wahrnehmung ausgeht und seine Zentrale sozusagen in der fünften Ebene eingerichtet hat, wo um die Wahrnehmung herum auch das Erfordernis der Gerechtigkeit gruppiert ist! Ethik ist eine erste Entscheidung zwischen Wahrheit und Lüge, als ethisch kann aber auch ein Handeln bezeichnet werden, welches die innere Gerechtigkeit fördert! Und die Funktion oder Tätigkeit der Seele besteht darin, die persönliche Sprache rückwirkend auf das Selbst zu kalibrieren, zu reinigen, Unschärfen zu beseitigen, die sich aus der Übernahme der Kultur in einem Bewusstsein gebildet haben können, grob gesagt, die Kultur in einem persönlichen Bewusstsein wieder auf die Natur hin abzustimmen!

Von der Kultur und kollektiven Konventionen lässt sich sagen, dass sie jeweils nicht die volle Breite des Bewusstseins abdecken, sondern Raum lassen für die persönliche Natur eines Menschen! Dieser Freiraum könnte von negativem Denken aber auch missverstanden werden, mit Absicht oder nicht, weshalb wohl die Negativität in einer demokratischen Bevölkerung den Anteil eines Drittels nicht überschreitet! Aber unter dieser Prämisse ließe sich eine Aussage tätigen wie: Die Lüge ist eine Sünde und schuld daran ist meine Seele! Natürlich lügt die Seele meist nicht, und deshalb wäre übertriebenes Schuldbewusstsein der Seele wohl auch ein leichter Indikator, dass es um die psychische Gesundheit ambivalent bestellt sein könnte! Aber die Negativität kümmert sich nicht um Inhalte, sie verwendet nur die Worte, um überhaupt etwas Phänomenales aufweisen zu können! Ihre Inhalte sind irrational, das weiß sie auch, und es ist nur ein Zugeständnis an die normale Kommunikation sich einen Anschein zu geben, als würde man auch argumentieren, obwohl die Entscheidungen längst gefallen sind! Und dennoch ließe sich ausmachen, dass auch das negative Drittel unterbewusst natürlich sein möchte! Man hält scheinbar zielbewusst an irrationaler Kommunikation fest um etwas zu verdecken, dessen man sich selbst nicht sicher ist oder gar nicht sicher sein kann! Die vorgebrachte Pseudokommunikation hat eine grundsätzlich andere Qualität, basiert auf dem Prinzip der Lüge und kann diesem Duktus auch nicht entkommen, aber zugleich stellt sie einen Appell dar, alle Inhalte einmal beiseite zu lassen und auf die Ebene der Wurzeln hinzukommen, wo alles begann! Die Wurzeln sind Emotionen, aber diesen liegt wieder etwas anderes zu Grunde und so fort, ewig im Kreise herum, irrational und betrügerisch, vor allem auch zu sich selbst! Ein Indianertanz um ein Lagerfeuer herum, das nicht benannt werden kann, das sich genauer Beschreibung entzieht und die Ursache ist für eine Sprache, welche sich nicht selbst erkennen könnte! Negativität attackiert die Grenzen der Wörter für Besitz, attackiert damit die Rationalität, die Geltung unterscheidenden Denkens, nur um die Irrationalität rechtfertigen zu können, und konstruiert dabei einen Generalangriff auf das Sein, ohne bewusst erfahren zu haben, was das ist! Angegriffen wird eine Ahnung des Seins und die Filter des Bewusstseins geben die Parole aus: „Die Lüge bekämpft das Sein", dabei würde man vielleicht alles darum geben in der Lage zu sein, das Sein einmal authentisch empfinden zu können! Die philosophische Erkenntnis etwa ist, objektiv betrachtet, nur eine Verbergung der Negativität, aber aus dieser Perspektive eine durchaus motivierte! Was ist an der Sprache so beängstigend, dass man prinzipiell ablehnt, sich an ihre Regeln zu halten? Weshalb setzt man sich einem Zwischenraum des Inkompatiblen aus, von dem man letztlich auch selbst immer eine gehörige Portion abbekommt? Es liegt wohl nicht an der Sprache, sondern an der Region darüber, der fünften oder sechsten Schichte des Bewusstseins, für welche die Sprache lediglich eine Grundlage darstellt, allerdings eine rationale und nicht von vornherein lügenhafte Sprache! Die Negativität vollführt einen Eiertanz um etwas herum, das sie anscheinend nur vom Hörensagen kennt, erzählt von einem Gebiet, in das sie offenbar noch keinen Fuß zu setzen wagte! Die Konstellation eines menschlichen Bewusstseins lässt sich nicht verändern, vielleicht nicht einmal durch die Segnungen der genetischen Manipulation, und weshalb sollte ich mich nicht mit etwas vertraut machen, das von Anfang an mir gehört? Was kann mich daran hindern, meinen inneren Raum auszuschöpfen, einem Bewusstsein auch zu vertrauen, das von nirgendwo anders herstammen kann als von der Natur?

Mikaela, ich könnte von mir berichten, die vorherrschende Erfahrung meines Lebens ist die von Gewalt, aber Gott sei Dank meist nicht von körperlicher Gewalt, sondern etwa nach der Definition, welche schon einmal genannt wurde, als Manipulation von Natürlichem zu Dauer! Eine solche Gewalt liegt in geringem Ausmaß der gesamten Kultur zu Grunde und hat in der Objektwelt auch eine geduldete Berechtigung! Die Gleichmacherei des Verstandes, das Rasenmäherprinzip lässt es nicht anders zu! Aber eine bewusst und absichtlich auf einen Menschen angewendete Gewalt lässt doch nur den Schluss zu, dass man noch nie über die Objektwelt hinausgegangen ist! Weshalb sollte ich mich von jemandem schikanieren lassen müssen, der sich vor der Seele fürchtet? Wenn jemand etwa von einer Transzendenzerfahrung erzählt, könnte er dabei auch flunkern, wer kann das schon überprüfen; aber ist es deshalb eine Notwendigkeit, in solchen Zusammenhängen zu lügen? Ich hatte übrigens selbst eine solche Erfahrung, kann mich aber nicht daran erinnern, und dennoch zucke ich nicht innerlich zusammen, wenn ich nur das Wort Transzendenz höre! Jemand erzählte mir kürzlich von der Sonne, und ich wollte es nicht glauben, bis mir ein anderer erklärte, dass das Tageslicht ebenfalls von der Sonne stammt! Ich hatte bis dahin nur in einer unterirdischen Grotte gesessen und lediglich Schatten von Dingen gesehen, welche an einem Feuer vorübergetragen wurden! Natürlich stellt man einer solchen Person das Haxl, wie wir auf gut österreichisch sagen, aber die bis hin zur Shoah belastete österreichische Geschichte führt letztlich auch irgendwie zum Ausmerzen von Elend! Negativität ist kein Wert für sich, man kann sie nicht gut verkaufen, man bekommt nicht allzu viel dafür! Aber außerhalb der Objektwelt existiert gar keine Negativität! Erst die Existenz der Sprache führte zur Kultur, nicht die Existenz von Dingen an sich! Und die Sprache sollte für einen Einzelnen die Kultur abdecken, transparent machen! Aber die Sprache ist nur die Basis für einen Bewusstseinsraum darüber, den ich unter keinen Umständen missen möchte!

In der Objektwelt firmiert der Geist, und dieser hat Relationen auf die Sprache hin, welche dazu angetan sein können, Unsicherheit auszulösen; der Geist erweitert die Realität sozusagen auf nicht immer konventionskonforme Art und Weise, streng im Bewusstsein natürlich, aber sein Herumstreunen ermöglicht auch die Einbeziehung anderer ins eigene Bewusstsein durch Modi, welche ebenfalls nicht ganz transparent erscheinen! Die Künstlichkeit des Geistes lässt sich etwa auf der Gefühlsebene schön demonstrieren: Gefühl ist Natur, Emotionen sind Geist und Unbewusstes! Damit wird ein Bezug zur Sprache angesprochen, der sich aus anderer Perspektive manifestiert: Der Geist bildet sich aus einer Berechnung auf die Allgemeinheit! Der Geist ist quasi paradigmatischer Ausdruck der Unsicherheit im Verhältnis Einzelner – Allgemeinheit und springt dabei dem Ich und dem Verstand zur Seite bis hin zum Begriff Person, welcher zuerst ausgehöhlt und dann behelfsmäßig gestützt wird gleichsam durch ein Pappgerüst, welches einer etwas steiferen Brise selbstverständlich nicht standhalten kann oder kaum Widerstand entgegensetzt! Doch wird auch der Geist, dessen reinste Form zur Lüge hin tendiert, von der Natur zur Verfügung gestellt, hat ein aktivierter Geist positive Funktion und meist ebensolche Auswirkungen! Der Geist ist notwendig, weil manifeste

Dinge existieren, und in diesem gröberen Bereich des Bewusstseins stellt er eben ein adäquates Schmiermittel dar! Aber die negative Indienstnahme des Geistes geht nicht von derartig normalen Umständen aus, sondern setzt irrationale Spalten voraus, auch eine Art Verrücktheit, die von der Allgemeinheit geheilt werden soll, und vor allem die Existenz des negativen Dinges, dessen Eigenschaften und Auswirkungen durch die Zeiten hindurch gültig bleiben sollen! Ein negativer Geist hat eine irgendwie vergewaltigte Substanz, deren beschädigte Homogenität die Frage aufwirft, ob sie überhaupt noch für materialistisches Denken zulässig oder geeignet ist! Dennoch könnte ich unter der Anforderung des Titels formulieren: Der Mensch ist ein Wesen, das über Geist verfügt und zur Natur strebt!

Der Geist könnte auch aufgefasst werden als eine Art Kollektivierung des Ichs nach Ahnungen mathematisch-logischer Denkstrukturen unter Zurücknahme der Konturen des Ichs, als ein Agens, das sich in einem seltsamen, ohnmächtigen Zustand befindet ohne rationalen Ursprung und ohne erkennbares Ziel! Der Geist ist gleichsam eine Verdichtung des Schwebens, welches nicht nur Mitmenschen einer Beliebigkeit und einer gewissen Unberechenbarkeit aussetzt, sondern auch die Person selbst! Ich kann mir meines Geistes nicht ganz sicher sein, er stellt auch für mich selbst eine Art Risiko dar, wenn auch meist ein überschaubares! Am liebsten wäre mir deshalb, ich könnte mich seiner überhaupt entledigen und mit den verbleibenden Faktoren der

Existenz auf rationale Art mit Bodenhaftung agieren! Aber ich würde mir nie von der Möglichkeit träumen lassen, den modrigen Kanonen negativen Geistes systematisch ausgesetzt zu sein und davon in eine Permanenz gezwungen zu werden, welche nur durch die Aufhebung des negativen Dinges selbst zu einem Ende finden kann! Kalte Finger greifen mich an wie die Knochen eines Skeletts und versuchen mir den Tod vor Augen zu stellen, welchen das negative System als unausweichlichen Abschluss, beinahe als Erlösung suggeriert! Das negative Denken zieht seine Fäden von einer finalen Perspektive des Todes her, die es zu vermitteln gilt – nur bei den anderen, wohlgemerkt! Der Tod ist dann nicht viel mehr als eine Möglichkeit, aber man kriegt ihn einfach nicht aus dem Kopf und aus dem Bewusstsein! Man müsste wohl den Tod überwinden können, um von den Negativen in Ruhe gelassen zu werden, Morpheus und Eurydike! Die eigentliche Stärkung eines menschlichen Bewusstseins ist Schlaf! Aber die Negativität bleibt unerbittlich, sie hat keine Alternative! Ein Negativer raunte mir ins Ohr: „Ich bin durch Betrug in meinem eigenen Inneren gefangen!" Und das Ich möchte sich über die Sprache in die Außenwelt spiegeln, wobei der Geist seine Schützenhilfe leistet! Die Negativität hat schon einen Sinn, sie möchte dem Wesen der Lüge auf den Grund gehen! Und ihre Lüge richtet Emotionen auf die Basis der Dinge, wobei die Basis der Dinge als deren Idee aufgefasst wird! Wieder findet man sich im Universum Platons, wo der Regen durch Löcher in der Käseglocke fällt! Die Lüge will schon im Kindesalter das Absolute erhalten; es ist aber ein weiter

Weg bis zur Erkenntnis, dass das Absolute nicht viel mehr ist als ein Dunst, ein Schleier, der sich verziehen lässt, eher etwas Positives als Negatives, mehr ein Prozess als eine statische Instanz! Man braucht das Absolute nicht im Alltag, es blitzt vielleicht kurz auf, wenn man zur Natur durchbricht, eine Anmutung des unerreichbar Künstlichen zeichnet es aus und eröffnet auch die Möglichkeit einer negativen Interpretation, aber den Beweis einer Negativität des Absoluten ist die Kulturgeschichte schuldig geblieben! Welchen Götzen betet die Negativität da eigentlich an, wie rechtfertigt sie ihre penetrante Permanenz?

In der Kultur und auch im Bewusstsein geht es um die Sprache, kollektiv und auch persönlich, und mittels der Sprache um die Bezogenheit auf andere, auf Dinge und letztlich natürlich auch auf die Natur! Geist und Seele helfen, Effekte der Kollektivität abzumildern, verweisen dabei aber gleichzeitig auf Unschärfen gegenüber der Natur, und von da ist es dann nicht weit zur Lüge, wenn ein negatives Bewusstsein oder Gemüt alles umstürzen möchte! Der Trick der Negativität, im engeren Sinn auf die Sprache bezogen, besteht dann einfach darin, die Perspektiven zu vertauschen, wie sie etwa in einem Gespräch auftreten können, konkret also eine Verwechslung der Fürwörter, innerlich und unterschwellig, nicht offen geäußert! Der Betrug des Bösen ist schlicht eine Verwechslung der Pronomina „ich" und „du" im Bewusstsein, im Denken für sich selbst! Und er führt zu einem Bruch in der Realität, welcher rational nicht nachvollzogen werden kann, weil es sich um eine einfache Regelverletzung handelt mit ungeahnten Folgen, falls das Denken auch umgesetzt werden sollte! In dieser engen Perspektive auf die Sprache hin stellt sich das gesamte, negative Ding als Identitätsschwindel dar, als Annahme einer fremden Identität, um freier seine Schandtaten vollbringen zu können, um im Nachhinein der erste sein zu können, der „Feuer" schreit und Beschuldigungen vorbringt! Und das negative Ding selbst weist vielleicht eine Anmutung der Verwechslung auf und stellt damit unter Umständen einen Hinweis dar! Wie würde sich das vor Gericht ausnehmen, wenn erst langwierig ermittelt werden müsste, welche Identität zu welcher Person gehört? Vielleicht lässt sich das nie endgültig und objektiv feststellen, wenn die Möglichkeit zumindest mit einbezogen wird, dass eine Seite permanent lügt! Persönlich kenne nur ich selbst alle Facetten meiner Identität, ob bewusst oder unterbewusst!

Das negative Ding wurde sehr wahrscheinlich nicht in Österreich erfunden, stammt vielleicht aus der Zeit des Gondwanalandes, aber das ist nur spekulativ! Aufgrund irgendwelcher Umstände erfuhr es hier aber eine Ausprägung und Intensität, welche schon an eine spezifische Art des Expertentums erinnern könnte! Will man negativ authentisch sein, weist man die Merkmale des negativen Dinges auch im alltäglichen Umgang auf, und dazu gehört etwa auch eine merkwürdige, kollektive Anmutung der Sprachlosigkeit, weil erstens die Dinge der

Negativität nicht kommuniziert werden können, und weil zweitens eine Identitätsvertauschung Kommunikation unmöglich oder zumindest wertlos, mühselig und ergebnislos macht! Man gehorcht gleichsam dem negativen Ding und dessen nun einmal unerbittlicher Konsequenz, zeigt eine Form der Hörigkeit, welche schon paradigmatisch sein könnte, wäre dieses Adjektiv im Negativbereich zulässig! Ein Österreicher – und das sollte nicht persönlich sein oder so aufgefasst werden! – übernimmt oder vertritt dann Merkmale des negativen Kollektivs, Anmutungen, welche überall in der Welt auftreten können, aber hier eben irgendwie Teile der inoffiziellen oder unterschwelligen Kultur darstellen, sodass man behaupten könnte, die österreichische Agitation richte sich auf das Ich, desavouiere das Ich als Element des Sprachpools und rückwirkend sogar die Wahrnehmung des Einzelnen und dessen Vertrauen in diese! Und das alles gewissermaßen zu Ehren des negativen Dinges, welches eine für Uneingeweihte nicht so leicht einsichtige Position irgendwo abseits der offiziellen Kultur genießt! Das Verhältnis Einzelner – kulturelles Kollektiv ist ganz allgemein noch nicht wirklich ausgewogen, das Subjekt befindet sich in einer schwächeren Position gegenüber dem Objekt, aber die Verlagerung in einem Bewusstsein hin zum Kollektiv und damit auch zulasten des persönlichen Ichs lässt sich überschwellig kaum rechtfertigen! Die Einflussnahme der Negativität auf die Kultur kann nicht durch chemische Farbmarkierungen identifiziert werden, führt aber in Summe wohl dazu, dass sich ein Subjekt der Welt gegenüber mitunter ein wenig hilflos fühlt oder ausgeliefert, dem Ich wird innerlich Substanz entzogen und so lässt sich auch die seltsame Kognition begründen, dass das Ich das philosophische Substrat des Begriffs Nation sein könnte! Weil ich bin, gibt es die Nation!

Man könnte das einigermaßen eindrucksvoll an einer Spitzfindigkeit illustrieren, die seit der Antike zum philosophischen Grundwortschatz gehört: Das Seiende steht für Tatsachen, die unumstößliche Realität, für Konkretes, Praktisches, also für nicht In-Frage-zu-Stellendes, weil es einfach ist; das Sein, dessen Partizip das Seiende in grammatikalischer Perspektive darstellt, bleibt rätselhaft, nicht ableitbar, verliert sich scheinbar irgendwo im Dunkel eines subjektiven Bewusstseins! Objektiv besteht der Unterschied zwischen Sein und Seiendem in der Betonung der Zeit beim Partizip und zugleich in einer Partikularisierung ins Konkrete, auf die Realität hin! Dem Gehalt nach aber könnte ich urteilen, das Sein steht für eine natürliche Kraft oder Fähigkeit des Bewusstseins und das Seiende bezeichnet nicht mehr und auch nicht weniger als genau die Realität des Missbrauchs! Natur und Missbrauch unterscheiden sich durch eine Partizipialbildung voneinander!

Ein österreichisches Bewusstsein lässt sich offenbar von derartigen Spitzfindigkeiten faszinieren, so wie auch die gesamte Negativität eine Faszination der Lüge enthält! Brennus, ein keltischer Anführer vermutlich österreichischer Provenienz pilgerte im dritten Jahrhundert v.Chr. bis nach Delphi, ehe er nach einer

Niederlage in Hallstatt eine Schreckensherrschaft errichtete! Und vielleicht aufgrund persönlicher Disposition mischte er auch religiöse, spirituelle Elemente in seine autoritären Machenschaften! Missbrauch, verbunden und verstärkt durch alle nur vorstellbaren Grausamkeiten, kommt bei uns irgendwie als Religion daher, selbstverständlich unterschwellig, aber immerhin! Einer ausgekochten Idee folgt eine ganze Klasse von Inhalten, aber es braucht nicht eigens betont zu werden, dass die Person dieses Brennus eine eher fragile, schützens- und unterstützenswerte war, ein Zniachtl, umgangssprachlich formuliert – abgeleitet vom Nichts, wo auch die Negativen heimlich hinstreben! Es gibt einen dunkel-religiösen Nationalismus, mein Ich erhält dadurch implizit eine vage Anmutung des Heiligen, wenn ich den Prinzipien der Negativität nur getreulich folge! Ich singe die Lieder des Männergesangs, welche auch positive Emotionen bis hin zu Ergriffenheit auslösen können, aber meine Intention ist dabei eine ganz andere! Und selbst wenn ich einmal gegen die Wand der Natur laufen sollte, mein Bewusstsein auf seine natürlichen Grundlagen hin gerichtet wird, kommt das Nichts zunächst wie eine künstliche Dunkelheit daher, weil künstliches Licht eben auch eine künstliche Dunkelheit nach sich zieht! Aber mit der Zeit scheint dann vielleicht doch ein wenig natürliches Licht durch, verliert die Mattscheibe ihren Glanz, ich bin in einen tiefen Brunnen gestürzt und finde mich in einer anderen Welt wieder, bei der Frau Holle oder so! Nur in meinen Träumen werde ich in die Realität zurückgezogen, von der Realität gefangen genommen!

Die Zeit kann einem von der eigenen Mutter als Rätsel aufgegeben werden, aber das auf den Ödipus-Komplex hin zu beziehen, hat doch eine etwas österreichische Anmutung, obwohl man im Nachhinein wahrscheinlich feststellen könnte, der Ödipus-Komplex bezieht sich philosophisch allgemein auf die Mutter! Einziger Ausweg aus dieser kruden Vorstellungs- und Gedankenwelt, welche von der Negativität evoziert wird, scheint manchmal die Betäubung der Sinne durch irgendwelche Substanzen zu sein, wobei sich bei genauer Wahrnehmung erkennen lässt, dass sich Rausch auf eine sekundäre Schichte einer Person bezieht, auf durch aktivierte Rezeptoren in den Vordergrund gespielte Bereiche des Bewusstseinsspektrums, welche im Alltag sonst nur die zweite Geige spielen! ‚Ich bin dann nicht ganz ich selbst!' meint man, aber hier könnte man auch eine interessante Parallele ziehen zur Kluft zwischen negativer Absicht und Realität, obwohl ich gestehen muss, dass ich auch schon einmal zu tief ins Glas geguckt habe! Nicht jeder Rausch hat Intentionalität, aber vielleicht helfen einem diverse Substanzen auch, die Kluft zu überwinden und etwas zu tun oder zu initiieren, was selbst der eigenen Vorstellung gewagt oder gar abstrus erscheint! Das Spiel mit den Personalpronomina kann ungeahnte Ausmaße annehmen! Und es geht hier immer noch um die Sprache, um deren Möglichkeiten, oder besser gesagt, um Missbrauch der Möglichkeiten, welche von der Sprache bereitgestellt werden! Die eigentliche Versuchung besteht zwischen böser Absicht und Realität, ich kann auch einmal fallen, und die Leber modifiziert dann glücklicherweise auch das Negative, das mir, uns widerfährt! Sollte man hier einen Gedanken in Form eines Prinzips platzieren wollen, müsste dieser wohl lauten: Der Natur gebührt der absolute Primat über die Kultur!

Herzliche Grüße,

Erich

03. November 2024

Liebe Mikaela,

ich habe mich schon im ersten Band der ungeschriebenen Briefe an Dich – das alles hier ereignet sich nur in meiner Fantasie! – ein wenig über das Sein verbreitet, aber ausgehend von der Praxis des Gebrauchs dieses substantivierten Infinitivs, welche nach wie vor negativ übertönt ist! Das Sein fehlt als Substanz der Erkenntnis eines persönlichen Bewusstseins, und deshalb dominiert eine Befürchtungshaltung, welche durch die Agitationen der Negativität noch angefacht wird, aber eigentlich aus einem Nichtwissen stammt, wohingegen selbstverständlich jeder Mensch auch das Recht hat, benannte Inhalte seines Bewusstseins kennenzulernen!

Wie schon erwähnt, hat die Philosophie und mangels alternativer Konzepte auch die Kulturgeschichte den Schwerpunkt des Seins zum Seienden hin abgebogen, was aber andererseits dem Sein eine sowohl attraktive als auch geheimnisvolle Anmutung verleiht als dem Gral der inneren Geisteswelt, oder so! Etwas vollmundig könnte man behaupten, das Sein ist, was den Menschen eigentlich zum Menschen macht, aber dazu ist es noch zu wenig bekannt! Und wie gesagt, was man nicht kennt, kann auch zur Vorstellung einer Befürchtung mutieren!

Um vom Verstand auszugehen, ermöglicht das Sein das Verständnis konventioneller Objekte; wenn ich gerade, sprachlogisch denke, kann ich an den Dingen erkennen, was über die Sprache ausdrückbar ist! Da es auf der Sprache basiert, unterscheidet sich das Sein etwa von mathematischen Termen oder Regeln, weil diese homogener, auf dem Prinzip der Zahlen vereinheitlicht sind, aber es stellt keinen Gegensatz dar, es weist quasi in dieselbe Richtung! Die Grundlage des Seins ist vielfältiger, umfasst die Menge des gesamten Wortschatzes einer Sprache! Mathematische Aussagen müssen wahr sein, aber diese Wahrheit mutet ein klein wenig anders an als etwa die Wahrheit einer sprachlichen Behauptung; Letztere kommt etwas persönlicher daher, hat etwas weniger von der Normierung der Objektwelt an sich, man könnte auch sagen, die Zeit kommt in der Objektwelt stärker zum Ausdruck und verleiht dieser gleichsam den Status einer minimal vom Boden der Natur abgehobenen Schichte, was bei der persönlichen Sprache durch den Rückbezug ins Bewusstsein reduziert wird! Aber es geht hier weniger um einen grundsätzlichen Unterschied, das Sein ist ein Ergebnis des Künstlichen, der Kultur, das in die höheren Bewusstseinsschichten hineinreicht! Und es hat einen natürlichen Anteil, der wohl nur beim Menschen in dieser spezifischen Art ausgeprägt ist! Das Sein ist in dieser Hinsicht die Antwort der Natur auf die Kollektive der Kultur, auf Zahlen oder Worten basierende Phänomene der Bezogenheit als Grundverfasstheit des Menschen! Die Objektwelt lässt sich durch Zahlen darstellen, die gesamte Welt durch die Sprache! Und es ist in jedem Fall mehr als nur ein Theorem, es ist eine natürliche Kraft oder Fähigkeit, deren Ausmaß und Eigenschaften offiziell kulturell noch nicht ganz erschlossen sind! Das Sein umfasst also objektive Gerechtigkeit genauso wie die innere Gerechtigkeit, welche mit der Wahrnehmung verbunden ist, stellt eine Verbindung her von der Kultur zur Natur, zwischen kollektiver Abstraktion und der Konkretheit der Natur, reicht vom Subjekt bis zum Individuum! Und sein Inhalt ist Wahrheit, die im menschlichen Bewusstsein durch die Zeit in die Vergangenheit verschoben wird!

Vom Kollektiv der Sprache her wirkt das Sein wie eine unbeholfene Notlösung, ein Hinweis auf etwas, das existieren muss, vom Kollektiv aus aber nicht zugänglich ist, der Infinitiv des Hilfszeitworts zur Zeitenbildung, der von objektiven Tatsachen bis zur Tatsache des Lebens alles notdürftig bezeichnen kann, eine Art der Geradlinigkeit ausdrückt, wie sie nur der unmittelbaren

Wahrnehmung selbst eignet! Und zugleich scheint es vom Kollektiv her eine graduelle Abgabe der Verantwortung zu sein auf den ethischen oder zwischenmenschlichen Bereich hin, kombiniert mit umso festerer Betonung des Gegenwärtigen, sei es strukturell oder objektiv, phänomenal oder gar nur fiktiv! Das Sein muss einfach für alles herhalten mangels innerer Genauigkeit oder Differenziertheit, und genau darin liegt aber auch seine große Stärke, welche den dürftigen Status des Hilfsverbs bei weitem überschreitet! Von den Sprachgebern oder Sprachbildnern wurde das Sein genommen oder entwickelt, um einem inneren Bedürfnis zu begegnen, um eine natürliche Realität abzudecken, welche angesichts kollektiver Konventionen auftauchte und einen Namen für sich beanspruchte! Es kommt mir beinahe so vor, als hätte das unscheinbare Hilfsverb unter diesem Aspekt die Funktion eines Angelpunkts, über dem sich die zu einem Schirm aufgespannte Sprache dreht, ein Schirm, welcher stabil genug ist, um auch bei Wind die Sprache verankern zu können! Das ist aber nur Fantasie, im Bewusstseinsmodell ragt das Sein über die Sprache hinaus in den ethischen Raum hinein, in dem sich ein Mensch als Individuum breit machen kann, in dem seine Seele die Reinigungsfunktion von sprachlichem oder objektivem Müll übernimmt!

Kulturell ist das Sein umkämpft, die Philosophie zieht es auf die Seite des Seienden, die Religion möchte es neben der Wahrheit positionieren – Seiendes und Wahrheit sind aber kein Gegensatz, oder? Ein praktisches

Durchschnittsgemüt wie meines vermischt das Sein einfach mit der Tatsache des Lebens und bringt damit die nötige Unschärfe in die Thematik! Das Sein ist nicht reine Natur, es hat die Tatsache des menschlichen Kollektivs als Entstehungsbedingung im Hintergrund! Aber es muss beim Menschen von Natur aus vorhanden sein wie vielleicht auch bei anderen Tieren oder Lebewesen überhaupt! Tiere oder andere Wesen können das menschliche Sein möglicherweise verstehen, aber sie haben es eben nicht in dieser Art entwickelt, weil die menschliche Kultur als Bezogenheitsprodukt einzigartig ist, zumindest auf diesem Planeten! Und andererseits verfügt dieses fremdgegangene Hilfsverb auch über eine Anmutung des Absoluten, welche es in die Kälte des Weltalls hinaus expediert! Der Mensch ist das Universum, aber ohne das Sein hätte er keinen festen Standort darin!

Es scheint sehr schwierig das Sein auf positive Weise zu definieren, der natürliche Anteil überwiegt, ist aber an einem Ort des Bewusstseins positioniert, der nur dem jeweils Einzelnen zugänglich ist, und das nur unter ethischen Bedingungen! Negativ ließe sich das Sein als Bedürfnis eines Bewusstseins wahrnehmen, die Sprache vom Unbewussten zu befreien, als permanenter Impuls, mit der Sprache aufgenommene, kollektive Emotionen loszuwerden, weil diese die angepeilten Inhalte verfälschen können! Eine Befreiung des Bewusstseins bedeutet hauptsächlich eine Befreiung vom Unbewussten, von Emotionen, welche sich auf die Sprache als Objekt beziehen, dem Sprachgebrauch aber hinderlich oder missverständlich beigemengt sind! Das Sein wäre eine Reduktion der Sprache auf das, was ist, und das hätte Auswirkungen auf das gesamte Bewusstsein, weil dieses durch die Sprache gleichsam aufgespannt ist! Die unbewussten Emotionen Stolz und Angst richten sich auf die Vergangenheit und auf die Zukunft und erzeugen in dieser Spannung die Zeit und deren Schweben über der Gegenwart, die Zeit kommt aus der Sprache hervor, entspringt beinahe jedem einzelnen Wort und ist doch nichts weiter als kognitive Denkgräben kombiniert mit Emotionen! Und in der Praxis nimmt sie die Dienste des Geistes in Anspruch! Das Sein steht mit der Wahrheit zusammen, aber auch mit der Kultur, die Drei führen einen Dialog, und dabei ist deren Position und Untergrund nicht ersichtlich, nur zum Schein stehen sie nebeneinander, jedes der Drei hat seine eigene Substanz! Für die Kultur etwa ist das Sein ein nebenstehender Hauptbegriff, auch die Kultur ist eine Sammlung von Bedürfnissen des Bewusstseins, aber die involvierte Negativität macht die Kultur insgesamt intransparent, motiviert die Fantasie zu Befürchtungen, welche sich auch auf die Existenz erstrecken können! Der Gehalt der Wahrheit soll diesem Missstand abhelfen, soll die Sprache und das Bewusstsein hinführen zu – wohin also? Zu einem verächtlichen Hilfsverb, substantiviert? Oder verbirgt sich mehr dahinter wie die Natur, etwas Natürliches, ein Organ für –? Was ist Sein, positiv formuliert? Jedenfalls mehr als nur ein Wort, eine grammatikalische Entität, von der Philosophie entfremdet, um das Umfeld für den Missbrauch zu bilden! Das Sein des Seienden bezieht sich auf den Begleittext zum Missbrauch! Und dieser lässt sich nicht kognitiv-rational in ein Bewusstsein integrieren, stellt ein ständiges Fremdelement dar, an dem sich der Verstand die Zähne ausbeißt! Die sture Motivation zu schaden versteckt sich dahinter, der mit Argumenten nicht beizukommen ist! Und dies, von der Kultur offenbar sehenden Auges toleriert, immer schon, aus der grauen Vorzeit heraus! Was versprach oder verspricht man sich eigentlich davon? Auf der anderen Seite nichts weiter als die einsame Position des Seins, welche von einem Menschen nur für sich wahrgenommen werden kann, allerdings von jedem! Und nicht jeder ist Abgesandter der Negativität! Schreibe ich dem Sein in mir selbst Bedeutung zu, müsste ich das auch in Bezug auf andere tun, wenngleich nicht voraussetzen! Jeder hat so seinen eigenen Umgang mit der Wahrheit! Aber das Sein liegt näher am Bewusstsein als die Wahrheit, das Sein zieht die Wahrheit auf sich, verschlingt alles wie ein schwarzes Loch, das nichts übrig lässt als die Leere des Nichts! Das Nichts der Natur, auf dem sich dann wieder die ganze Kultur darstellt!

Das Sein hat eine Anmutung, als wollte sich das sprachliche Kollektiv seiner selbst versichern, die Notwendigkeit eines Seins entspringt direkt der objektiven Sprache, auf den Boden der Realität oder der Natur bringen kann es aber nur der Einzelne, ein lebender Mensch, das Kollektiv bleibt dabei machtlos, ohnmächtig! Verstärkt wird der Anspruch des Kollektivs durch den

Bereich der Ethik, in welchen das Sein hineinragt, durch den Gehalt des Seins, welcher der Wahrheit sehr ähnelt, sich eigentlich nur durch die Zeit unterscheidet! Die Zeit ist aufseiten des Kollektivs, über die Sprache auch aufseiten der Wahrheit und das Sein als kollektive Notwendigkeit wartet quasi auf die Zeit, kann aber mit dieser nicht vermengt werden! Die Sprache hat langen Bestand, ändert sich jeweils nur geringfügig, hat also, verglichen mit der Zeitspanne eines menschlichen Lebens, beinahe ewige Dauer, und zugleich ist die Ewigkeit auch der Kanal, durch den ein Bewusstsein von der Gegenwart zum Sein kommt, dahin, wo alles so ist, wie es ist! Ein Kollektiv verfügt über kein natürliches Selbst, die Natur ist nur in den einzelnen Menschen präsent; die menschliche Natur aber impliziert die Struktur der Sprache irgendwie, und die Selbstverpflichtung eines Menschen zur Wahrheit muss dann auch durch die Sprache hindurchführen, bleibt an der Zeit als Ausdünstung der Sprache hängen und muss daher in seinem Handeln durch den Nebel der Zeit und des Geistes finden, in einem Handeln, das auf einen oder mehrere andere bezogen ist und daher ein zeitlich nicht verzerrtes Bewusstsein zumindest theoretisch, in der Vorstellungswelt als Möglichkeit beinhaltet! Dem Sein eignet somit eine ethische Anmutung, es hat aber auch etwas von Glauben an sich, weil es vom Kollektiv herkommt und vom Verstand eigentlich nur als Desiderat erkannt wird! Der Umschlag von kollektiven Strukturen der Objektwelt hin zum intim-menschlichen Bereich des Individuums stellt sich als ein Graben dar ähnlich der Inkompatibilität negativ-destruktiver Dialektik, welcher aber im normalen Alltag derart häufig auftritt, dass er gar nicht eigens ins Bewusstsein kommt! Eine Person unterscheidet nicht zwischen kollektiven Vorgegebenheiten und Belangen der Wahrnehmung, sie ist es gewohnt, eine fiktive, kollektive Außenansicht mit der eigenen Wahrnehmung und Aktivität zu verbinden, wie es die Integration, das Erlernen der Kultur von Anfang an mit sich brachte! Der Schritt in die Kultur hinein bedeutet also auch ein graduelles Loslassen des Lebens, nicht in natürlicher Hinsicht, aber indem man sich selbst vom Boden der Natur ein wenig abhebt, so weit es das Bewusstsein betrifft! Man liefert sich gleichsam dem Kollektiv ein Stück weit aus, zumindest in der Vorstellung, und dieser Schritt könnte im Konkreten durchaus auch mit Befürchtungen und Ängsten belegt werden, vagen Befürchtungen oder flottierenden Ängsten! Ich habe Angst vor der Kultur oder vor dem Schritt in die Kultur und biege lieber woanders hin ab unter Zuhilfenahme von Mitteln der Kultur! Als Mensch kann ich der Kultur nicht bewusst entkommen, aber ich kann so tun, als ob! Ich kann die Kultur zum Objekt meines Ekels machen, ich kann sie nicht ausstehen, sie ist verachtenswert, das Letzte, das man sich vorstellen kann, und ich kann andere nicht verstehen, die sich so etwas anschließen! Ich für mein Teil werde das zu verhindern wissen, versteht sich! Und wenn das bei mir selbst nicht möglich ist, dann eben bei anderen!

Die innere Ohnmacht angesichts der Kultur könnte eine der Grundlagen negativer Destruktivität darstellen, einer

Negativität, die von der Genese her der Vorstellung den Vorzug einräumt gegenüber dem Realen! Was ist schon das negative Ding an sich oder besser, was wäre es ohne den Vorstellungsraum im Bewusstsein? Auch ein negatives Bewusstsein braucht die Ganzheit, seinen vollen Umfang, sein Volumen, aber es nimmt in Kauf, dass Teile davon zu wenig beachtet werden, dem inneren Verderben anheim gegeben werden, einem Moder, einer Fäulnis, welche gerade in subtilen Bereichen zu einem höllischen Gestank führen kann! Ich brauche kein Feuer, um mir die Hölle vorzustellen, das Feuer lodert ohnedies im Bauch der Destruktivität! Der negative Kunstgriff sozusagen ist der Übergang von der Vorstellungswelt in die Realität, und dabei wird die grundlegende Struktur der Kultur verletzt, das Sein! Die Negativität, wie sie realer Teil der Praxis ist, ist automatisch auch eine Verletzung des Seins und bringt ein solches Bewusstsein folglich in Opposition zu diesem, schlägt es auf die Seite der Lüge! Die Lüge kann dem Sein letztlich nicht an, zu unterschiedlich sind die Valenzen, aber sie stellt einen ständigen Versuch dar, welcher schließlich zu einer Permanenz hinführt, die das Negative kennzeichnet! Ich könnte sagen, die negative Substanz liegt im Unterschied vorgestellt – real mit dem Schwerpunkt eines negativen Bewusstseins auf der Vorstellung! Die Realität ist kontingent, ihr Merkmal ist der Wille oder die Verpflichtung zur Permanenz! Und der innere Moder, die Fäulnis in der Verantwortungsschichte wird eben als Opfer gebracht, man kann nicht alles haben im Leben! Ich bringe ein Opfer – bei anderen, wohlgemerkt! – und sichere mir auch gleich einen guten

Anteil an den Gütern, die danach zur Disposition stehen! Die Sprache spiegelt nach außen, aber irgendwie muss ich auch die Forderungen einer Existenz erfüllen! Und der österreichische Zug einer inoffiziell-unterschwelligen Kultur ist kollektiver Parasitismus nach dem Opfer! Sollte es einmal existenziell nicht so gut laufen, muss man halt Opfer bringen!

Die Übernahme der Kultur, ihr Erlernen, stellt an den Einzelnen die Anforderung, mit seiner Natur, seinem Körper, in seinem oder ihrem Lebensprozess die Grundlage anzubieten, auf welcher die Kultur aufsetzt und dann ihre spezifische, persönliche Ausprägung erfährt! Der Einzelne muss einem unbekannten Kollektiv Platz in sich einräumen, genau genommen vielen Kollektiven und immer wieder! Aber niemand macht sich Gedanken darüber, weil dieses Thema bislang nicht existiert! So bleibt es dem Gemüt eines Einzelnen überlassen, dazu vielleicht eine ablehnende Haltung zu beziehen aus unbewältigten Emotionen heraus, aus vergangener Ungerechtigkeit gegenüber einem Verwandten, aus Missliebigkeit, Ekel, kognitiven Stereotypen oder welchen Gründen auch immer, die ihn in eine scheinbar hilflose Position zwingen! Und das Ventil, welches die Kultur dieser Art von eingebildeter Hilfsbedürftigkeit zur Verfügung stellt, ist das Opfer! Ein Opfer wäre dem Inhalt nach die Abspaltung von etwas, das mir entweder gehört oder das ich brauche, eines Teils, der nicht mein Leben oder die Existenz bedroht, dessen Fehlen ich aber bemerke, irgendwie ins Gewicht fällt! Aus

Gemütsbeliebigkeit heraus werde ich mir aber nicht selbst etwas wegnehmen, sondern versuchen, das bei jemand anderem zu bewerkstelligen, falls möglich; die Stimmung, die ständig wechselnden Farben des Gemüts werden dabei verabsolutiert! Wer schon einmal Farbtropfen in ein Wasserglas fallen ließ, weiß um die faszinierende Dynamik der Vermischung, eines Prozesses, der sich permanent verändert! Und man kann zu keinem Zeitpunkt sagen, das ist jetzt die Struktur oder das Wesen des Gebildes! Farben im Wasser, nichts weiter! Aber die Faszination kann zur Grundlage einer Weltsicht genommen werden, kann unter Umständen die große Politik dominieren zu Zeiten der Monarchien, des Feudalsystems genauso wie in der Demokratie! Und woran kann oder soll ich mich als Untertan, als Wähler, als Bürger einer Diktatur dann halten? Es geht nicht um die Form des Systems, es geht darum, ob an der Spitze die Struktur des negativen Dinges oder die Normalität regiert!

In Gedanken opfere ich mich, spalte mich ab vom Kollektiv der Kultur, indem ich diese ablehne – was sich selbstverständlich in der Realität so nicht umsetzen lässt! Dabei müssen mir die anderen irgendwie helfen, die anderen, die weniger Probleme mit den Strukturen und Regeln der Kultur haben, ich verdiene das, darin besteht meine Freiheit! Und wenn sie es nicht freiwillig tun, gibt es andere Möglichkeiten, an die materiellen Voraussetzungen der Existenz heranzukommen, dafür gibt es sogar in der Natur Vorbilder! Konventionen der Kultur bilden sich aus alltäglichen Abläufen heraus, unterscheiden sich selbstverständlich von der Natur, weil mathematische Denkstrukturen dabei Platz greifen, weil der statistische Durchschnitt keinem Ding vollgültig entspricht! Ich müsste die Sprache ablehnen und dann jedes einzelne Ding der Welt, wollte ich einen solchen Standpunkt realisieren! Aber so weit geht meine Opferbereitschaft dann doch nicht! Opfer heißt, ich nehme einen Platz außerhalb der Kultur ein, aber auch nicht in der Natur, sondern -! Ermöglichen müssen das andere, denn dazu bin ich logischerweise nicht wirklich imstande! Und es bräuchte nur ein einziges Wort, um diese ganze Haltung in den Schatten zu stellen: das Sein! Und das Sein ist zentraler Angriffspunkt negativer Aggression, bildet eine gedachte Opposition zur Lüge – wohlgemerkt, eine gedachte! Man gibt vor, die Kultur nicht übernommen zu haben und opponiert gegen das Sein! Wovor fürchtet man sich eigentlich, vor der Sonne, dem mystischen Licht der Transzendenz? Den Teufel und die Hölle hat man ja bereits kennengelernt! Das Wort „ganzheitlich" etwa, irgendwann im zwanzigsten Jahrhundert in Gebrauch genommen, wäre dem Ansatz nach eine Verdichtung des Seins! Das Ganze ist auch ein sprachlicher Ausdruck für das Bewusstsein einer jeden Person: jeder, das Ganze, alles! Und wenn es um alles geht, tendiert man, wie die Geschichte zeigt, leicht zur Radikalität! Aber kann ich um das Bewusstsein kämpfen? Ich bin im Bewusstsein eingebettet wie ein Baby in seinem Bettchen tagsüber, und nachts nehme ich das gar nicht wahr! Außen herum ist die Natur, die Sprache, die das Bewusstsein konstituiert, ist spezifisch menschlich, aber sollte ich mich dafür etwa schämen müssen? Welche Rolle spielt die Scham in der Kulturgeschichte? Sie ist ein Gefühl, wird schon im Schöpfungsbericht der Bibel erwähnt oder kurz danach, präsentiert sich aber eigentlich als Reaktion auf etwas, als Gefühl verbunden mit Kognitionen welcher Art immer: „Sie erkannten, dass sie nackt waren!" Abseits der Religion hat Scham wohl auch die Funktion eines Schutzes, der aber durchbrochen werden kann, insbesondere auch vom Missbrauch, und die Folgen einer verletzten Scham können mehr oder weniger fürchterlich sein! Scham begründet unter anderem auch die Entstehung von Sadismus und Masochismus! Die Scham ist der natürliche Teil, der zuerst kommt, das Gefühl, das den Gehalt des Sadismus und Masochismus sozusagen zu einem Ganzen ergänzt! Letzteren würde etwas zur Erklärung fehlen, gäbe es nicht die Scham! Aber ein Gefühl wird von einer Person empfunden, ich kann es eigentlich nicht kollektivieren; politische Destruktivität gründet sich aber irgendwie auf einer Verletzung eines nationalen Schamgefühls! Mein Bewusstsein wird quasi verallgemeinert, meine Ablehnung der Kultur berechtigt zu deren Zerstörung! Die Scham wäre dann weniger ein Gefühl als die Erkenntnis einer Außenansicht, welche schlagartig ins Bewusstsein treten kann ähnlich der Entstehung einer Panik! Scham hätte dann etwas Unechtes an sich, würde über kollektive Konstruktionen erst zu einem Gefühl werden! Das Gefühl der Panik hat mit falschen Abstraktionen zu tun, die Scham würde auf falschen Kognitionen beruhen, welche ich aber großteils von außen übernommen habe! Die

Scham gibt es immer schon als soziales Gefühl, zum Objekt wissenschaftlicher Forschung wurde sie aber wahrscheinlich erst nach der Benennung von Sadismus und Masochismus!

Die Ablehnung der Kultur aus negativer Perspektive erfolgt gleichsam von unten, blickt auf die Sprache wie auf eine Decke aus Glas, welche spiegelt, was sich als sehr praktisch erweist zur Bewältigung etwaiger Probleme! Vielleicht hat ein Negativer gar kein Interesse, durch die Sprache durchzublicken, aber das wäre eine Unterstellung! Stereotypischer Spott ist übrigens ein Code für das negative Ding! Im Bauch befindet sich aber auch der natürliche Schwerpunkt eines Menschen, und diesen muss man dann permanent verleugnen, was sich auf die Dauer wohl als einigermaßen mühsam erweist! Hierbei handelt es sich um ein echtes Gefühl oder um eine Intuition, das Fest-gegründet-Sein in der Natur, und darum ständig herumtanzen zu müssen wie um einen hohlen Behälter wird möglicherweise andere Gefühle auslösen, die sich ebenso real manifestieren! Aber ich kann nichts tun, es handelt sich um ein Prinzip, das Dauerhaftigkeit einfordert! Das negative Ding muss weitergegeben werden, es kann nicht in Frage gestellt werden! Der Schwerpunkt ist quasi ein natürliches Maß im Verhältnis Einzelner – Kollektiv, kann in der Auseinandersetzung mit jedem Ding oder Ereignis, mit jeder Struktur berücksichtigt werden nach Maßgabe der Vernunft des Einzelnen! Hier spielt viel Persönliches,

Subjektives mit herein, aber immerhin ist ein solches Zentrum zumindest vorhanden, kann es intuitiv wahrgenommen werden: „Mir dreht es den Magen um!" Allerdings geht es dabei nicht um eine physikalische Berechnung! Aber ich könnte dadurch den Sprachgebrauch auch so gestalten zu behaupten, das einzige Prinzip im Hinblick auf die Kultur ist die Natur: Die Natur ist das Prinzip im Hinblick auf alles Kulturelle! Dann bekommt das Kulturelle, Kollektive, Konventionelle von selbst positive Konnotationen ausgehend von der Natur! Ich kann es selbstverständlich kritisieren, muss dazu aber nicht den Ausweg der Lüge suchen! Und wenn ich am Schwerpunkt zweifeln sollte, gibt es immer noch das Sumoringen!

Aber wo ist die Negativität dann begründet, wenn nicht einmal Gefühle, Emotionen dafür in Frage kommen? Man nimmt den Ausgang von unten aus einer Position, die es nicht gibt, schwindelt sich irgendwie durch eine Sprache durch, welche spiegelt, und zielt ab auf ein Sein, das man mit einem Transzendenzerlebnis verwechselt! Das Sein einer Transzendenzerfahrung ist etwas wesentlich anderes als das Sein eines Seienden! Aber Sein gibt es, und zwar wegen der Konsistenz kultureller Kollektive! Ich kann auf das Sein abzielen und dabei eine diffuse Erinnerung an ein jenseitiges Bewusstseinserlebnis im Gedächtnis haben! Ich habe ein A und ein A' oder B und dazwischen einen Graben, den ich mir selbst gegenüber nicht zu begründen brauche! Aber ich kann nicht von einem Graben der Inkompatibilität leben, ich brauche etwas mehr Substanz! Die leihe oder borge ich mir einfach, es gibt viele Warmherzige, die mich dabei unterstützen! Und aus dem Graben der Inkompatibilität treibe ich auch etwas hervor, das ich als meine Ware anbieten kann, als mein Produkt im Ausgleich für die Unterstützung, welches zugleich auch als mein Markenzeichen fungiert, ein Opfer! Ich muss mir nur ein passendes dafür aussuchen! Und wenn ich es geschickt anstelle, verwechsle ich dabei die Identität des Opfers mit meiner eigenen! Oder noch besser, ich forme mir selbst ein Opfer, von Anfang an! Und ich kann mich dabei im Schatten der Religion verstecken, obwohl mich deren Erzählungen gerade so viel interessieren wie die Betriebsanleitung meines Gebrauchtwagens!

Die Disposition des negativen Täters ist eine des Leides, aber daran festzuhalten ist permanent unnatürlich! Der Verstand basiert auf der Natur, die Konventionen, meine Gefühle, die gesamte Welt abseits und jenseits der Prinzipien der Moral, alles und jedes verweist mich auf die Natur! Ich muss schon mit einiger Brachialgewalt gegen meinen Körper vorgehen, um mich auf diesem Niveau halten zu können! Die Sprache eignet sich nicht zur Beschreibung der Transzendenz, das Sein schon! Und was ist das Sein? Sprache ohne Zeit! Die gibt es aber nicht, sagt mir der Verstand, mit welch kruden Argumenten kommen die eigentlich daher? Dann brauchen sie sich nicht zu wundern, wenn sie ihre Abreibung bekommen! Die Sprache von der Zeit befreien – wer kann das tatsächlich verlangen? Da fällt mir ein, ich habe ja noch mein Opfer im Käfig im Keller sitzen, mit dem habe ich mich heute noch nicht beschäftigt! Vielleicht findet der einen Weg dahin! Es ist wie mit der Mathematik, wenn man die Zeit von der Sprache subtrahiert, kommt man zum Sein! Ein kleiner Stängel, der aus einem Wort herauswächst wie ein Komma, so schlimm kann das doch nicht sein! Alles abstrakt, unnatürlich, eine Gefahr für die Welt! Ich kann mich ja ganz gut in ihn hineinversetzen, aber ein wenig Stärke müsste man schon zeigen! Man kann sich doch nicht alles gefallen lassen in einer Welt wie dieser! Und umgekehrt, er schaut mir alles ab, als möchte er in meine Haut hineinschlüpfen! Ich kann Parasiten nicht ausstehen! Versagen ist, wenn das eigene Verhalten zu Leid führt!

Pseudokommunikation schafft sich Inkompatibilität und versperrt sich dabei den Rückweg zur Natur! Und sie muss sich nur zum Sein hin rechtfertigen, einem Sein, das sie bewusst aber noch nicht erfahren hat! Sein ist ein Desiderat eines gesunden Verstandes – aber das sind Schulweisheiten! Ein Opfer ist eine geeignete Brücke zur Normalität!

Opferdenken braucht die Ausschaltung konventioneller Logik und es kommt aus der dunkel-negativen Ecke heraus! Ein Opfer ist quasi Aufweis der negativen Defizienz! Und es muss nicht eigens gesagt werden, dass Opferdenken den Ansatz ethischer Gerechtigkeit ignoriert! Ich schwimme oder schlingere beim Opferdenken ständig hin und her zwischen mir und dem oder den anderen, verwische Identitäten, bin mir dann zum Teil nicht einmal meiner eigenen Realität bewusst! Zu groß, zu hoch wird der Anteil des Numinosen eingeschätzt, dessen ich mir aber nicht sicher sein kann! Die Sprache wäre an sich die Obergrenze auch zur Thematik des Opfers hin, aber der Inhalt vermengt sich mit Inhalten der Transzendenz! Die formulierte Sprache greift nicht in der Transzendenz, die Wahrnehmungen einer solchen Erfahrung verkörpern jedoch sprachliche Entitäten oder thematisieren sozusagen die kulturelle Problematik der Sprache, führen gleichsam die Kultur der Sprache im Jenseits vor Augen, stellen deren Sinn und Inhalt in einer Perspektive dar, die zur Natur zurückführt, machen rückblickend den kulturellen Anteil des Lebens verständlich und transparent auf die Natur hin! Aber ich kann die Erinnerung an eine Transzendenzerfahrung oder den Zugang zu dieser auch abblocken, als würde ich mich davor fürchten müssen, selbst wenn diese keine furcherregenden Elemente enthielt! Ich fürchte mich sozusagen irdisch, und die Transzendenz wird auch konventionell in ein Jenseits verschoben, daher auch der Name „Überschreiten" einer Grenze! Destruktivität nimmt sich dann einfach ein Opfer, denn ein Opfer setzt eine Grenze zwischen Diesseits und Jenseits voraus! Aber auch die Kultur, die Religionen kennen Opfer und nehmen diese zum Inhalt dazu! Den Ausschlag zu geben oder die Verbindung darzustellen scheint die Zeit in einer sehr subtilen oder auch kritischen Art, je nach dem Perspektivpunkt, von dem aus betrachtet wird, der kleine Stängel, das Komma, das aus einem oder jedem Wort herauswächst! Ich muss die Zeit nicht vollständig durchschauen und umfassend darstellen können, um sie persönlich in meinem Bewusstsein auflösen zu können, die Zeit ist eine Eigenschaft der Sprache, ein Produkt des Unbewussten! Es geht nicht um Denken, sondern um Tun, um einen Prozess der Wirklichkeit, den ich zulassen muss unter intensiver Beobachtung, unter Bewusstwerdung unbewusster Emotionen! Mir das in meinem Bewusstsein vorstellen zu wollen, wird es nicht treffen können! Der Beistrich der Zeit kann sich zu ewiger Kontinuität verdichten, oder er kann sich in der realen Ewigkeit auflösen! Allerdings muss ich das wollen und intensiv dabei sein!

Auch der Wille wird von der Negativität in Anspruch genommen, er ist quasi das bedeutendste Asset der Negativität, wenn es um Dauerhaftigkeit geht! Der Wille ist zwar ein natürlicher Impuls, der eigentlich relativ rasch wieder vergeht, und er kann als solcher auch nicht für die Negativität mobilisiert werden! Aber ebenso, wie man sich einbilden kann, dass aus dem Inkompatibilitätsgraben der Lüge etwas wächst, kann man den Willen beanspruchen für die Weitergabe des negativen Dinges, kann man das Tun des Negativen als Willenshandlung auffassen! Eine solche Ansicht ist aufgesetzt, eine zweite Schichte des Denkens oder der inneren Haltung, eine Art Pseudorealität des Bewusstseins passend zu einer Pseudokommunikation und zur Existenz des negativen Dinges an sich! Wenn der Wille solcherart von der Negativität als ihr Inhalt ausgegeben wird, stellt sich natürlich die Frage nach der Verantwortung und ich könnte verallgemeinernd formulieren, die Frage des

Menschen ist eine Frage nach der Verantwortung für den Willen! Das ist aber letztlich nur ein Scheinproblem, wenn der Wille als natürliche Entität existiert!

Ein Betroffener, ein Opfer hat also ein zweifaches Problem, eine falsche Auffassung des Willens auf Täterseite und das allgemeine Problem mit der Zeit, die ihre Triebe aus der Sprache herauswachsen lässt! Das innere Gefängnis, der Käfig, in dem sich ein Negativer wähnt, entfaltet über die Zeit seine Wirksamkeit und wird mittels der Sprache nach außen gespiegelt, einer Sprache, die weder an die innere Gerechtigkeit noch an das Sein glaubt! Ein persönliches Opfer etwa hat genau das zu verbergen, was ein Täter möchte! Und es sieht sich mit einem dauerhaften, gleichsam ewigen Hindernis konfrontiert im Willen der Negativität! Das destruktive Verständnis der Zeit lässt diese aber dem Graben der Lüge entspringen, und dort ist dem Bewusstsein nach kein Platz für irgendeine Entität abseits der Natur! Die Sprache und die gesamte Kultur verweisen auf das Sein, und dessen Gültigkeit ist ebenso dauerhaft wie jene des Nichts! Das Sein macht keine Pause, um dazwischen etwas anderes entstehen zu lassen! Das Sein ist dauerhaft gültig, zwar nicht absolut dauerhaft, aber auch nicht negativ dauerhaft! Die Zeit als Produkt des Inkompatibilitätsgrabens ist eine Lüge oder bestenfalls Illusion! Ich glaube, im Nachlass von Rilke oder woanders steht eine Zeile zur Zeit, die mir im Gedächtnis blieb: „Die Zeit führt, sie steigt und stirbt!" Die Gegenüberstellung von Sein und Zeit findet nicht auf derselben Ebene statt, man trifft nicht mit gleichwertigen Waffen aufeinander, die Zeit kann sich mit dem Sein nicht messen, obwohl sie eine gültige Konvention ist und das Sein eher Gegenstand der menschlichen Suche! Das Sein ergibt sich als eine verbindende Notwendigkeit der Kulturgüter und der Kultur insgesamt, taucht auf wie eine Schichte im Bewusstsein, die keinen eigenen Namen hat, und mit zunehmender Abstraktion muss ein Mensch gleichsam an das Sein glauben, ein Sein, das zur Wesenhaftigkeit der Menschheit ebenso Verbindungen aufweist wie zu einem potenziellen Gottesbegriff hin! Das Sein eignet sich weniger für materialistisches Denken, lässt sich weniger durch Zahlen oder Formeln beschreiben, es spielt eher nur im Raum der Sprache eine Rolle und darüber hinaus, im Bereich des Lebens, der Ethik oder auch der Seele, bei mir und den anderen! Das Sein ist die Summe aller wahren und verfügbaren Sätze, aber man kann Sätze auch ins Negative drehen, um Argumente und Gedanken auszudrücken, die mit Lügen durchsetzt sind! Ein Satz stellt eine sprachliche Einheit dar, und das einzige Subjekt, das die Negativität aufzuweisen hat, wäre das negative Ding selbst! Das negative Denken ergibt sich in der Praxis daraus, dass ich für mich alternativ nur den Missbrauch einsetzen oder verwenden kann! Und sozusagen, Humor der Seele kontrastiert ganz allgemein zur Lächerlichkeit eines Subjekts! Abweichend von der Zeit befindet sich das Sein genau im Rhythmus der natürlichen Realität, und dabei kann man es nicht einmal mit Händen greifen! Wo Menschen sind, muss es auch ein Sein geben – oder die dunkle Negativität! Und von

Gruppen, vom Kollektiv, von der Kultur ausgehend bildet das Sein eine notwendige Vervollständigung des subjektiven, persönlichen, des individuellen Bewusstseins!

Das Sein ist also gewissermaßen das philosophische Um und Auf des Universums, aber auch das Wort Opfer fällt in dessen Bereich, und die Darbringung eines Opfers etwa aus dem religiösen Kontext heraus gemahnt den Menschen an die Natur! Die negative oder weltliche Auffassung des Opfers schlingert quasi zwischen mir und dir und lässt auch das spirituelle Opfer wie ein Vorausgreifen in Transzendenz aussehen, welches sich nicht lohnt! Jedenfalls hat das Opfer etwas Persönliches an sich, kann ich mich selbst dem Bedeutungsumkreis eines Opfers nicht ganz entziehen, wenn ich das Wort verwenden oder gar anwenden möchte, kann einen Teil der Wirkung zwar ins Numinose ablenken, zumindest der Vorstellung nach, aber dabei meine subjektive Betroffenheit nicht ganz verbergen! Die Hölle ist sozusagen die Innenwelt des Täters und die Außenwelt des Opfers! Und die sensibelsten Opfer suchen bei anderen nach Erklärung und kommen dabei, gewollt oder nicht, den Strukturen der Menschlichkeit auf die Spur, nicht zuletzt auch dem Sein und dessen Notwendigkeit! Wenn ich in der äußeren Welt lebe, lerne ich mich gleichsam automatisch auch selbst kennen, ich muss nur meiner Wahrnehmung außen und innen vertrauen, dem Leben selbst, der Ethik, dem Sein, meinem Selbst, der Möglichkeit der Erkenntnis, der Konsistenz der Produkte der Kulturkollektive, den Konventionen, kurz: mir selbst genauso wie dir und allen anderen! Ich muss der Natur vertrauen, nicht mehr und nicht weniger!

Bis zum nächsten Mal!

Herzliche Grüße,

Erich

12. November 2024

Liebe Mikaela,

wenn ich mich kurz an den Inhalt dieses Bandes erinnere, die Frage nach dem Menschen stellt diesen zunächst umfassend, breit und fest in den Kontext der Natur hinein, wo er sich geborgen fühlt, woher er sein Leben bezieht! Und auf dieser Basis entstand die Kultur, welche sich an Genauigkeit und Treffsicherheit grundsätzlich von der Natur unterscheidet, der inneren Struktur der Bezogenheit des Menschen aber Rechnung trägt! Die Frage, woher Letztere stammt, kann ich nicht beantworten, sie ist einfach eine Gegebenheit! Die Natur ist einerseits das Prinzip im Hinblick auf alles Kulturelle, und andererseits ist die einzige gültige Perspektive eines persönlichen Bewusstseins jene hin zur Natur! Dazwischen klafft ein kleiner Bruch vom Kollektiv der Kultur zur jeweiligen, lebenden Einzelperson, welcher der Anmutung nach wie ein Bruch zwischen Ungenauigkeit und Realität erscheinen könnte, welcher von einem Teil der Menschen zur Errichtung einer fiktiven Destruktivität im Bewusstsein genutzt wird, die dann durch die aufgedoppelte Übersetzung in die Realität der Menschheit die Probleme aufgibt, welche sie immer noch zu lösen hat! Die Sprache als zentrales Element der Kultur teilt das menschliche Bewusstsein gleichsam in zwei Hälften, die physisch, körperlich greifbaren Schichten der Natur, der Objektwelt und auch der Gefühle und Emotionen darunter, und ausgehend von der Grundlage der Sprache die menschliche Bezogenheit, die Ethik, der Bereich der Transzendenz als Erklärung der Kultur, das Akzeptieren anderer auf natürlicher und damit gleichgestellter Basis in einem Bewusstseinsraum, der die Weite des Alls beinhaltet! Ausgedrückt in Termini der Esoterik oder Spiritualität, ausgehend von der grobstofflichen Natur kommt es zur Entwicklung der Kultur und der Integration deren Strukturen ins Bewusstsein, und über der Sprache als höchstem Kulturgut wird die Natur in feinstofflicher Art wiederum zur Zielvorgabe menschlichen Strebens! Alles ist dann auch das Nichts der Natur, aber der Tod ließe sich hier nicht in destruktiver Weise platzieren!

In umgekehrter Perspektive, vom Selbst aus gesehen, steht die Wahrnehmung quasi an erster Stelle verbunden mit einer natürlichen Gerechtigkeit, und von da geht es durch die Sprache hindurch zur Objektwelt, den Gefühlen und Emotionen und der Natur im grobstofflichen Sinn. Die Frage Kants „Was ist der Mensch?" zielt auf ein Element der Objektwelt, und hier taucht sofort grundsätzlich die weitere Frage auf, wo der Begriff Mensch legitimerweise hingehört? Ist er Teil der Objektwelt oder eher der Sprache oder gehört er in eine der darüber liegenden Bewusstseinsschichten? Ich könnte unter einem praktischen Aspekt sagen, „Was ist der Mensch?" bedeutet die sprachliche Darstellung des Menschen, sozusagen ein mehr formaler Ausweg! Aber ich könnte mich unter Umständen auch zu einer Behauptung versteigen wie: Der Mensch verfügt nicht über eine Sprache, sondern er *ist* eine! Eine Person vereint das kulturelle Kollektiv und die Natur in sich, und die Aufgabe besteht darin, das Sein in sich freizulegen!

Mikaela, im sechsten Brief einer Serie könnte man durchaus die erhabenen Sphären des menschlichen Bewusstseins zu beleuchten versuchen, den Raum der Ethik und Spiritualität, der Seele und des Selbst! Die Philosophie kommt dort allerdings kaum hin, sodass in der Folge auch die entsprechenden Themen fehlen, und überdies wird dieses Gebiet von der Religion abgedeckt! Somit bleibt mir zu meinem Leidwesen, denn ich bin trotz aller Widrigkeiten Optimist, nur eine Darstellung mehr negativer Themen zum Abschluss der kurzen Abhandlung des Menschen, aber ich verspreche mich zu bemühen, das einigermaßen objektiv und mit der erforderlichen inneren Wärme über die Bühne zu bringen!

Wenn ein Mensch über sich selbst nachdenkt, geht es wahrscheinlich meist um Themen in objektiven Zusammenhängen mit der Sprache quasi als Decke darüber! Ich bin ein Subjekt und ich fasse Dinge, zwangsläufig aber auch andere wie Objekte auf, weil dies die Denk- und Grammatikstrukturen in der Welt eigentlich nicht anders zulassen! Sogar wenn ich meine Aufmerksamkeit auf mich selbst richte, kommt mir die Sprache irgendwie dazwischen, weil sie vom Geist verspiegelt wird, von der Zeit verschoben wird, durch das Unbewusste vom Boden der Natur abgehoben ist! Das Problem der Selbstreflexion liegt in einer Voraussetzung des Objektivierens! Deshalb wohl auch die leichte Neigung, das Selbst in anderen Schichten des Bewusstseins unterbringen zu wollen, vorzugsweise in der zweiten der Emotionen und Gefühle oder in einer grenzüberschreitenden Kombination der zweiten und dritten Ebene! Der menschliche Alltag, so scheint es, besteht größtenteils in diesen beiden Schichten, und die Kultur hat die Objektschicht schon einigermaßen durchgearbeitet und nähert sich allmählich der Sprache an! Normalität wäre also Objektivität, rationales Denken, wie man es in der Schule lernt! Und es gibt sehr viele positive Themen im Leben und in der Welt, unter und oberhalb der Sprache, ich stehe quasi jeden Tag an einem Anfang und blicke in die Zukunft! Etablierte Begriffe wie etwa die Welt geben einen Rahmen vor und bleiben dabei aber auch seltsam unbestimmt, öffnen sich in eine künstlich anmutende Weite hin, die sich nach Kriterien der Objektivität beschreiben lässt! Die Welt ist alles und/oder nichts, alles und jedes, nur nichts Bestimmtes! Ich kann sie sogar an die Seite des Gottesbegriffs stellen, um kommunikative Inhalte zusammenzufassen, Gott steht dann für den Bereich der Transzendenz und der – postulierten – Ethik, die Welt für die Realität der Objektschichte, und verhandelt wird das in der sprachlichen Kommunikation!

Wenn sich die Kultur an die Sprache annähert, muss sie zuvor das Ich passieren, und ich frage am liebsten: „Warum?" Das Fragepronomen „warum" fragt nach einem Element der Objektwelt, und möchte ich nach Gott fragen, müsste ich diesen zuerst in die Objektwelt versetzen! Vom Menschen ist in der Welt die Subjektperspektive enthalten und selbstverständlich die erlernten Fähigkeiten, welche in Summe den Verstand ergeben! Der Verstand wiederum besteht aus Gewohnheiten, die sich aus der Weltsicht im allgemeinen Sinn ergeben, Gedanken sind Verstandesangleichungen an die Realität! Die Welt ist eine Vorstellungsleistung des menschlichen Bewusstseins und das Bewusstsein wird von oder mit Hilfe der Sprache gebildet, kontrolliert durch die Wahrnehmung, Ethik wie Gerechtigkeit und die Natur! Die Gemeinschaft oberhalb der Sprache ist demnach eine andere als unterhalb, auch wenn sie aus denselben Individuen besteht! Oberhalb macht es etwa kaum Sinn, nach Negativität zu fragen, darunter kommt man schwerlich darum herum, zumindest solange der Missbrauch besteht! Das Zentrum des Missbrauchs muss in der Objektwelt und Emotionsschichte lokalisiert werden, wenn es dort in der Realität auch nirgends aufzufinden ist! Sogar der Standpunkt des Zentrums des Missbrauchs ist erfunden, existiert eigentlich nicht! Es gibt nur ein Ding, das sich als illegitimer Repräsentant etablieren konnte! Und der Missbrauch ist, wie gesagt, ein seiendes Phänomen, das nicht erklärt werden kann, existiert in der Gegenwart im Bewusstsein als Erinnerung der Vergangenheit und wird über die Kluft zur Realität hin in intendierte Permanenz verschoben! Missbrauch ist ein Perpetuum mobile, seit er erfunden wurde, im Bewusstsein und der Realität!

Die Verbundenheit der Menschen, welche sich in abstrakter Form von der Natur abhebt und im Kulturelement Sprache manifestiert, die Kollektivverfasstheit, enthält auch die Möglichkeit des Missbrauchs, zunächst als Idee, irgendwann als Realisation! Und hinter dem negativen Ding verbirgt sich auch ein Missbrauch der Worte, der unter Umständen schwerer wiegt als das Ding selbst! Ich verletze mich dabei selbst, weil ich die Ansatzpunkte der Worte im Bewusstsein zerstöre, verschiebe, umbiege oder was sonst! Mein Bewusstsein wird zerstört, und der Missbrauch ist lediglich ein schwacher Abklatsch davon! Ich kann auf kein rundes, ganzes Bewusstsein hoffen, wenn die Gerüststangen verbogen sind, einen unentwirrbaren Metallknäuel bilden! Die Natur lässt sich nicht täuschen, sie lässt sich aber auch nicht reduplizieren im Hinblick auf eine fiktive Innenwelt! Die Sprache ist ungenau, aber daran zu arbeiten ist Sache des Kollektivs, sie wird nie die Genauigkeit der Natur erreichen können, aber das sagt mir auch der Verstand! Mit Tricks die Sprache auszuspielen, ist nicht! Sie weist einerseits nach unten, da kann gelogen werden, und sie ermutigt auch zum Aufenthalt in den Schichten darüber, da macht die Lüge keinen Sinn! „Gemeinsam" unterscheidet sich von „Gemeinschaft" und drückt doch irgendwie denselben Inhalt aus! Wenn ich mich oberhalb der Sprache belüge, trage ich selbst den Schaden, da hilft auch keine Auslagerung in die Realität!

Wenn mein Bewusstsein groß genug ist, die Wahrnehmung des Weltalls intuitiv zu verstehen, verblasst darin scheinbar das Gefüge der Worte und deren Festgefügt-Sein, aber es macht mir zugleich auch bewusst, dass die Konventionen in der Natur begründet sein müssen, auch und selbstverständlich auch die Sprache! Das Kollektiv fungiert dann quasi als Verdichtung der Natur, kann aber die Natur weder ersetzen noch nachmachen! Der weite Raum versinnbildlicht quasi die Freiheit meiner selbst, welche aber ohne Konventionen und damit Bezogenheit auf andere Menschen keinen Sinn macht! Und andererseits brauchen die Konventionen und das Kulturkollektiv den Freiraum im Bewusstsein jedes Einzelnen, um gegen die unerbittliche Spontaneität, die unwiederbringliche Exaktheit der Natur hin abgefedert zu sein! Ein Kollektiv kann ohne den Einzelnen nicht bestehen – schlechthin paradox! Aber die Negativität, die Verneinung von Weiß-nicht-Was, spielt das Kollektiv gegen die Natur aus, um Was-weiß-ich zu erlangen! Die Negativität spielt sich, wie schon formuliert, hauptsächlich im Bewusstsein ab, und etwa der Stolz des Unbewussten kann potenzielle, natürliche Erkenntnisse überdecken, ohne dass ich das bemerken müsste! Im negativen Sinn scheint das jedoch Absicht zu sein, die Strukturen des Bewusstseins durcheinander zu würfeln, vielleicht um sich nicht rechtfertigen zu müssen; das Gewicht der inneren Gerechtigkeit scheint auch in einem negativen Bewusstsein als substanzieller Topos vorhanden zu sein! Ansonsten aber ist die Folie des Negativen ein freies Spiel der Vorstellung, wobei, wie gesagt, die Ganzheit eines natürlichen Bewusstseins starke Einbußen erleidet! Und erst im Übergang zur äußeren Realität kommt dann auch der Tod in den Horizont des Möglichen herein als äußerste Abwehrreaktion potenzieller Ungerechtigkeiten! Die Negativität überzeugt sich in ihrem Tun gleichsam selbst immer wieder der Wirksamkeit der Lüge, und der Inhalt der Lüge entsteht allgemein aus der Relativität der Dauer! Die negative Anwendung der Lüge steht dann aber wie starr vor der Tatsache der Lüge, und die diversen Abscheulichkeiten der Realität, die dadurch hervorgerufen werden, laufen nebenher als unbedeutende Marginalität! Im Bewusstsein eines Betroffenen ist der Tod dann als Ziel wahrnehmbar, auch wenn er von Täterseite nicht realisiert wird, hängt irgendwie herum, das Damoklesschwert, welches doch nie herabfällt!

Das Wesen des Verstandes, könnte man sagen, besteht in Abgleichung mit dem Kollektiv, dem Kulturkollektiv, das Unbewusstes transportiert und im Einzelnen die Herausbildung einer subjektiven Zeit und des Geistes anregt! Dies sind allgemeine, theoretische Grundlagen des menschlichen Lebens! Der Übergang des Lebens ins Nichtsein, der Tod, ist ein natürlicher Prozess! Eine Lüge des Todes dagegen, eine Auffassung des Todes als „unnatürlich" führt zur Aufhebung der Konventionen! Stolz und Angst, die unbewussten Emotionen, tragen über das Abstraktum Zeit zur Lüge bei, sodass in einem negativen Bewusstsein mit seinem verbogenen Innenleben die Möglichkeit der Lüge als die Hauptbedrohung von außen erscheint! Aber der negative Schluss daraus ist nicht, sich als Individuum für die Wahrheit zu entscheiden, er baut vielmehr einer potenziellen Bedrohung vor, indem er den Bedrohungsinhalt realisiert! Die Dauer ist ein Merkmal aller Dinge, alles Künstlichen, und ich kann auch meine eigene Lebensspanne als Dauer auffassen, theoretisch, wenn ich in entsprechender Stimmung bin! Meine praktische oder besser natürliche Seite hingegen lebt mit der Spontaneität der Natur! Dauer ist demnach ein Rätsel, das der Verstand sich selbst zur Lösung aufgibt, nicht nur in einem negativen Bewusstsein, aber dort werden aus diesem Stoff Kanonen geschmiedet, die in der Realität zur Anwendung kommen! Man könnte den Inhalt der Ethik auf eine einfache Dichotomie reduzieren, zu schaden oder nicht! Die negative Formulierung ergibt sich daher, dass die Konventionen nicht an den Rand der Natur hinreichen, dass sich Kollektives mit Einzelnem, Natürlichem mischt! Nur Natur, reine Natur wäre positiv schlechthin, mit gültigem Kollektiv oder Konventionen muss ich mich auf das Vermeiden bewussten Schadens beschränken, soweit das meiner Vernunft und dem Verstand einsichtig ist! Das Gute existiert nur im Jenseits, dann allerdings ist es ganzheitlich fühlbar und wahrnehmbar! Und die Verlagerung der Moral in die Sphäre der Welt, in die Objektschichte im Wissen um die Existenz des Negativen, des Missbrauchs, kann zumindest das Hauptpostulat der Ethik, Ehrlichkeit zu sich selbst, nicht beibehalten oder erfüllen! Ich kann mich dann zwar bemühen, Äußerlichkeiten moralischer Ansprüche zu erfüllen, aber ein ethischer Schwerpunkt im kollektiven Dingbereich lässt sich vonseiten eines Einzelnen niemals adäquat realisieren! Moralisch kann dann theoretisch nur eine Gemeinschaft in der Welt sein, falls man an solchen Konstruktionen festhalten möchte!

Es lassen sich also im Bewusstsein anmutungsweise zwei Schichten des Denkens erkennen, welche sich möglicherweise irgendwie hinter dem cartesischen Dualismus verstecken, nämlich die Schichte der Realität, der Sachlichkeit und Wahrheit, welche beim Menschen paradoxerweise unterbewusst verarbeitet wird, und dann unter dem Einfluss des Geistes die subjektive Schichte, welche sich vom Boden der Realität mehr oder weniger systematisch abheben kann, symbolisiert durch die Energie der Abstraktion, die unter anderem für die Zeit aufgewendet werden muss! Diese hat die Anmutung einer Außenbeeinflussung an und um sich, welche durch das Bewusstsein wahrgenommen wird, ohne viel dagegen unternehmen zu können! Man müsste die Inhalte löschen oder in den Bereich des Unwichtigen, Marginalen verschieben! Doch ist das Ganze nur eine Anmutung, tatsächlich lässt sich selbst im Objektivitätsbereich die Einheit der Natur im Bewusstsein nicht aufspalten, jedoch können der Geist und sein Subjekt für Unwohlsein sorgen, das wiederum gegebenenfalls auch mit Absicht von außen herangetragen werden kann! Jede Entfernung von der Natur wird auch im Bewusstsein als Mangel wahrgenommen verbunden mit negativen Empfindungen, und ein böser Geist kann unter Umständen die Absicht haben, diesen Zustand bei anderen Menschen auszulösen! Die vielbeschworene Dualität wäre dann nicht viel mehr als ein lockeres Winken mit losen Folien, und das Festeste dahinter wäre die Intentionalität, die Konstanz der Absicht, bei anderen Verwirrung, Unwohlsein bis hin zu Schaden hervorzurufen!

Wie kommt es aber zu einer derartig verkorksten Haltung, kann man versuchen, das rational nachvollziehbar zu erklären? Ich glaube nicht! Der Nebel des Geistes wird durch die negative Haltung noch überdehnt, über den normalen Bereich der Subjektivität hinaus angespannt, und ein rational nachvollziehbares Merkmal scheint dabei die Dauer zu sein, wahrgenommen und dann umgedreht in einem sozusagen selbsternannt irrationalen Bewusstsein! Hier spielt sich wortwörtlich alles im Bereich der Vorstellung ab, werden die ins Bewusstsein integrierten Strukturen menschlicher Realität zum Objekt destruktiver Bemühungen, Gedanken- und Willensanstrengungen und die aus der Praxis bekannte Inkompatibilität der Lüge wird zur zentralen und einzigen Methode der Umsetzung! Man kann aber sogar aus der Inkompatibilität ein Problem machen, die Lüge bemüht sich dann noch, Inkompatibles miteinander zu verbinden, um möglicherweise eine Struktur der Irrationalität schaffen zu können – aber das geht dann doch etwas zu weit, bis dort reicht die Tragweite des Dualismus nicht hin! Immerhin hat es die Negativität geschafft, den Terminus Schizophrenie in der Psychiatrie zu verankern!

Der Ansatzpunkt der Negativität könnte, und das ist spekulativ, das Sein sein, dem die Lüge und deren Möglichkeiten entgegengehalten werden! Das Sein ist ständig sich erneuernde Spontaneität, aber negatives Denken sieht darin so etwas wie Dauer und versucht nun seinerseits, Dauer zu erzeugen über die Aufrechterhaltung des negativen Willens! Und um die objektive Realität zu entkräften, wird das negative Ding geschaffen, dessen psychische Folgen die Welt ausheben sollen! Normale, mehr oder weniger rationale Beziehungen finden in der Natur statt und werden vom Geist der Beteiligten verfälscht; durch den Missbrauch werden aber die intimsten, innerpsychischen Relationen zerstört, sodass eine ganzheitliche Beziehungsfähigkeit zumindest ansatzweise konterkariert wird, und die

Dauerhaftigkeit liefert vielleicht auch das Nötige zu deren Zersetzung!

Eine Substanz des Negativen bleibt ein ständiges Desiderat, ob aus deren Sicht oder ganz allgemein! Aber vielleicht möchte ein negativer Geist die Transzendenz mit einbeziehen, vielleicht ist man nicht ganz zufrieden mit einer Abgrenzung bestimmter Erfahrungen, möchte das Jenseits mit den Verstandeswerkzeugen bearbeiten können und eine aus objektiver Sicht homogene Ganzheit des Bewusstseins erstellen? Es scheint geradezu, als möchte man sich als eine Art Musterschüler profilieren, der die Natur sogar noch übertreffen kann! Dabei ist schon deren Nachmachen schwierig genug! Und die Grenzen des Psychischen werden dadurch auch angegriffen oder gegebenenfalls einmal überschritten!

Das negative System ist und bleibt in der Psyche irreal, die Natur des Bewusstseins lässt eine Begründung der Negativität einfach nicht zu! Und natürlich produziert die Negativität so etwas wie einen Bewusstseinspessimismus, kann aber nicht einmal sagen, wodurch! Durch Festhalten an der Dauer? An welcher Dauer? Jedenfalls an keiner objektiven! Wir in Österreich tun uns da etwas leichter in puncto Erkenntnis: Die Eier des Vogelmenschen bestehen in seinem Sadismus! Und dem Sadismus geht wohl auch eine gewisse Scham voraus! Wenn man den Mechanismus der Lüge erst begriffen hat, kommt diese mit Absicht aus dem Zwischenraum des Inkompatiblen, und der Schimmel der Lüge bildet dann in der Praxis Formen zu Schemen! Ich muss mich schon an der Festigkeit der Sprache oder deren Worten festhalten, um dann wieder etwas nach außen projizieren zu können! Ein konsequent Negativer entwirft seine eigene Logik!

Negativität zeigt manchmal eine seltsame Mischung aus Grobheit und Sensibilität, die nicht so einfach verständlich erscheint! Man verfolgt berechtigte Gedanken, kommt spontan zu einer kurzen Zusammenschau, die kommunizierbar sein müsste, wird dann aber abgelehnt, zurückgewiesen oder verliert einfach im Bewusstsein den roten Faden, kann die Ganzheit nicht wieder herstellen, einzelne Merkmale bleiben aber im Gedächtnis; man befand sich offenbar in einer Zeitschleife, die sich nicht wiederholen lässt, oder ähnlichem und schließt daraus, dass die ganze Sprache ihre Funktion nicht erfüllen könne, weder kommunikativ noch dem Gehalt der Wörter nach, welche Inhalte nicht adäquat wiedergeben! Die Sprache ist sowohl für die Kultur als auch das Bewusstsein zentral, aber ich kann mich mittels der Sprache nicht entsprechend mitteilen und muss sie deshalb angreifen! Ich bin sensibel bis zur Ohnmacht, aber ich kann auch meine Krallen zeigen, kann etwas durchsetzen etwa nach der Schablone des negativen Dinges! Es geht darum zu zeigen, dass die Kultur dysfunktional ist, dass die Sprache ihren Namen nicht verdient! Die Phänomenologie ist der letzte Ausdruck einer Kulturepoche vor dem großen Crash, aber die Welt hat die Botschaft nicht verstanden! So geht das immer mit der Kultur! Zum Glück gibt es das negative Ding, das die gesamte Objektwelt bis zur Sprache außer Kraft setzt und die Sphäre der

Emotionalität gleich dazu! Die Konventionen, die Regeln bis hin zur mathematischen Logik müssen klein beigeben, wenn das Bewusstsein der Subjekte durcheinandergewürfelt wird! Ich bin mir selbst näher als irgendwelche Regeln! Aber nach außen hin zeige ich selbstverständlich phänomenale Kompatibilität, ich bin ja nicht auf der Nudelsuppe dahergeschwommen! Ich verachte, verabscheue, hasse Primitivität!

Übersehen wird dabei von den Negativen, dass das negative Intervall auch eine Veränderung bewirkt, die sich logischerweise der Kontrolle entzieht! Ein Negativer muss sensibel sein, weil er mit den Folgen seines Handelns nicht zurechtkommt! Und diese Sensibilität wird zu einem Dauerzustand, fraglich bleibt dabei nur, ob in einem zivilisierten oder einem barbarischen Rahmen! Man kreist um die Sprache, zurecht, denn die Sprache ist so etwas wie der Heilige Gral des Menschseins! Man umkreist die Sprache jedoch wie ein Beutetier, hat gar nicht vor, sich mit ihr zu verbrüdern, zu oft wurde man schon von ihrem Rücken abgeworfen! Und dann hat man ja auch das negative Ding im Blickwinkel, das sich mit der Sprache partout nicht verträgt! Man könnte sogar meinen, es wurde entworfen, um die Sprache zu konterkarieren! Ich bin hilflos, eigentlich möchte ich nur gestreichelt werden, aber ich muss – aaaaah!

Einsamkeit heißt, man kann die Funktion der Sprache nicht erfüllen; Verrat meint dagegen, jemandem die Funktion der Sprache zu verweigern! Und die Funktion der Lüge liegt im Vergessen der Realität!

Auch ein „normales" Bewusstsein muss sich mühen, um aus dem Alltag die Regeln und Konventionen der Kultur herauszufiltern, offizielle und inoffizielle, geschriebene und ungeschriebene! Der Geist verhindert eine gerade oder direkte Kommunikation von Bewusstsein zu Bewusstsein, so bleibt jeder scheinbar eine Insel für sich! Aber man kann nicht kommunizieren, wenn die Sprache nicht anerkannt wird, man muss Konventionen grundsätzlich schon als Teil seines Bewusstseins und damit auch des Lebens auffassen! Das Kollektiv übt keinen Zwang aus, zumindest in demokratischen Verhältnissen, der Zwang rührt eher daher, Schemen der Inkompatibilität umsetzen zu wollen! Und die Erholung des Schlafes hat dann bei einem normalen Bewusstsein auch die Funktion der Kulturverarbeitung, das Bewusstsein abzustimmen auf Inhalte, die für alle gelten, in einer Art, die der Natur nicht zuwiderläuft!

Für die Negativität jedoch ist die Sprache schlechthin ambivalent! Sie stimmt nicht mit dem negativen Ding überein, wird aber zur Basis genommen, negatives Denken umzusetzen, muss daher entsprechend überformt oder umgeformt werden, wobei sich kaum eine Übereinstimmung untereinander erzielen lässt! Sprachliches Handeln Negativer ist immer in gewisser Weise beispielhaft aus dem einzigen Grund, dass es kein anderer nachmachen kann! Die Grundkompetenz der Sprache, zu verbinden, wird dabei in der Praxis widerlegt! Im Bewusstsein, der Innenwelt eines Negativen ergibt sich dann natürlich der berühmte gordische Knoten, weil in der Praxis bis hin zum Aufrechterhalten scheinbarer Anständigkeit auch die Normalität berücksichtigt werden muss! Und das Zusammenspiel von Normalem und Destruktivem ist nun mal mühsam! Nicht auszudenken, wenn das eine Gemeinschaft, ein Volk, eine Kultur für sich durchspielt! Nicht die Moral ist das Bedrohliche, sondern die Gerechtigkeit! Eine Dialektik kann alles integrieren außer der Gerechtigkeit! Moral ist missverständlich in die Objektwelt verpflanzte Ethik, Ethik korreliert individuell mit Verantwortung und die Verantwortungskompetenz bezieht sich logischerweise auf Konventionen inklusive auch der Sprache! Aber es geht hier nicht um den erhobenen Zeigefinger, sondern es zeigt sich einfach, dass auch jedes normale Bewusstsein Mühe hat, die Konventionen zu integrieren, nur lässt sich das nicht bewerkstelligen, indem man die Gegenposition einnimmt! Um den Brei herumreden heißt nicht zu akzeptieren, dass die Sprache das Zentrum des Bewusstseins darstellt, Spitz oder Knopf, so oder so! Ich kann noch so sensibel sein, wenn ich das nicht akzeptiere, ist meine Sensibilität erlogen!

Selbstverständlich ist die Natur positiv, die meinem Leben zugrunde liegt, gibt es auch positive Emotionen, enthält die Welt viel Positives, ist auch die Sprache ein adäquates und nützliches Werkzeug, aber all das wird auch angegriffen von einem Ding und aus einer Position heraus, die nicht einmal logische Grundlagen aufweisen kann! Der Entwicklung des Menschseins im gegenwärtigen Stand ist das bewusst geworden, aber es fehlen noch die logischen und griffigen Antworten, das öffentliche Bewusstsein und offizielle Maßnahmen! Man hat Zeit, richtig, und manches braucht auch Zeit, aber wenn jemand vom Missbrauch betroffen ist, ist es schon zu spät! Dann setzt sich die Vergangenheit fort, modifiziert vielleicht, aber auch vermeidbar! Worin die Negativen nicht irren, ist, dass die Vergangenheit in die Zukunft verlagert wird!

Negativität entsteht ganz grundsätzlich aus Unsicherheit über die Natur, stellt man dieser jedoch den Anfang als Entstehung der Welt in einem Kleinkind gegenüber, wird sofort die unterschiedliche Gewichtung erkennbar! Ich kann mich zwingen, dem emotionalen Kauderwelsch in mir Ausdruck zu verleihen, oder ich folge ganz einfach dem spontanen Ablauf des Lebens und der Natur unter der Voraussetzung, dass die Konventionen sinnvoll sind, um die Entwicklung der Kultur weiterzuführen! Ich kann den Bierernst über unbewusste Emotionen bis hin zu Fundamentalismen jeglicher Provenienz verstärken, ich kann aber auch herzlich lachen, spontan und natürlich, und damit der Angst den Wind aus den Segeln nehmen! Ich kann in Depressionen versinken, oder ich gehe in die Buchhandlung zu den Ratgeberregalen! Im Ernst, Mikaela, der Missbrauch ist schon ein Problem, dem man auf den Grund gehen sollte, und das ist nur in der Praxis möglich, theoretisch liefert er keinen Anhaltspunkt! Die Religionen erfüllen das Desiderat der Transzendenz, mit dem ein Rückweg zur Natur aufgezeigt wird; ich muss mich nicht aus Panik über ein Bewusstsein, welches ich in der frühen, noch gedächtnislosen Kindheit konstituiert habe, destruktiven Allüren verpflichten! Ich habe ein Selbst, das die Weite des Universums erkennen kann und daher von derselben Art ist, den Kosmos, die Ordnung der alten griechischen Kultur; aber Kosmos bezieht sich auf die Anordnung der Sprache in einem Bewusstsein, und schon bin ich wieder in der Buchhandlung! Ich habe ohnedies mit Dummheiten zu kämpfen, auch in mir selbst, und brauche dazu nicht obendrein die intendierten Bosheiten einer Negativität, welche ihre Geschichte damit begründen kann, nach Begründungen zu suchen! Dummheit ist auch ein guter Aspekt zur Beschreibung des Negativen!

Die gesamte Negativität ist substanzlose Theorie! Die Rechtfertigung des Negativen liegt im negativen Ding, ein Negativer ist ein Parasit seines eigenen Bewusstseins! So weit hatte es die Menschheit schon in grauer Vorzeit gebracht! Negativität delegiert die Kompetenz des Überlebens an andere, die Gemeinschaft, um im Gegenzug das Leben anderer aufgrund abstruser Bewusstseinsbefindlichkeiten zerstören zu wollen! Die Theorie siegt hier eindeutig über die Praxis, in der Praxis zeigt man sich hilflos! Jedes Mittel, das die Negativität in der Praxis in die Hand nimmt, ist nur ein Ersatz, ein Ausweg, eine Ausrede, ein Provisorium oder was immer! Das Negative weilt in der Vorstellung und produziert Reales, ohne sich aus jener entfernen zu müssen! Das Reale passiert nebenher! Nochmals, ein Glück, dass es das negative Ding gibt, dann braucht man sich um Schemata nicht zu bemühen! Negativität schreibt dem Kollektiv die Verantwortlichkeit zu und bringt sich dabei systematisch um jene Freiheit, die sie manchmal auf Fahnen vor sich her trägt! Die Freiheit entspringt der Natur, auch der persönlichen Natur, die sich auf Konventionen hinrichtet, dem natürlichen Anteil des Bewusstseins, der die gesamten Strukturen der Welt in sich einbettet! Die Freiheit gehört zum Individuum, das Verantwortung übernimmt, weil die Sprache nun mal das Kommunikationsmittel zu anderen hin ist, welche ebenfalls Individuen sind, auch wenn ihnen das vielleicht gar nicht bewusst ist! Wenn ich mich auf die Suche nach der Wahrheit mache, mache ich mich auf die Suche nach mir selbst, und wenn ich das Selbst als Perspektive erkannt und akzeptiert habe, brauche ich auch nicht länger zu suchen! Voraussetzung ist allerdings, dass ich die gültigen Konventionen ebenfalls akzeptiere! Es ist dann nur noch eine Frage der Zeit, mich vom Geist und auch vom Unbewussten zu befreien, welches die Sprache verunstaltet! Das Unbewusste ist wie ein Geschwür auf dem alten Gerüst der Sprache, wie Aussatz, Krebs, wie Gicht auf den Knoten der Finger eines Hundertjährigen, wie der Buckel eines Greises! Ein paar schlichte Emotionen mit dem Kollektiv der Sprache verbunden, aber falscher Stolz nimmt etwa auch einen Primat der Negativität in Anspruch! Ich muss mich also von Emotionsanteilen trennen, die ein Kollektiv gebildet hat, und das ist für ein Subjekt oder eine Person viel verlangt, aber nicht unbedingt für ein Individuum! Es kommt darauf an, wie ich mich selbst auffasse, wie ich zu mir stehe, und über der Sprache nimmt der natürliche Anteil des Bewusstseins wieder zu, feiner zwar, weil die Kultur mit berücksichtigt wird, aber dort ist die Natur gleichsam greifbar und liefert mir die Basis, die ich anderen gegenüber brauche! Es ist keine herausragende Leistung, auf die Natur zu rekurrieren, ich muss es nur zulassen, dann übernehme ich gleichsam automatisch Verantwortung in einem Raum, in den die weltlichen Kollektive nicht mehr hinreichen, ich aber trotzdem nicht alleine bin!

Der gemeinsame Nenner objektiver Dinge und Erlebnisse ist die Zeit, bei negativer Verrücktheit wäre das die Lüge! Ich könnte dem abstrakten Terminus Zeit selbst auch einen kleinen Stängel zuschreiben, mit Hilfe dessen alle möglichen Entitäten, real oder nur vorgestellt, harpuniert werden und über den Substanzkörper der Zeit eine Verbindung aufweisen! Für mich gilt die Zeit, und ein anderer ist mir über die Zeit quasi im Wort, ich habe Zugriff auf einen anderen, zumindest psychisch, weil er ebenso der Zeit unterworfen ist wie ich selbst! Die Zeit harpuniert alles, Menschen und Dinge, und ich brauche sie mir nur zunutze machen, um beliebigen Einfluss auf andere ausüben zu können! Die Zeit ist abstrakt, sie gehört niemandem, deshalb kann auch niemand Einspruch erheben! Ich muss nur diesem Haken, der Harpune der Zeit aktive Valenz zuschreiben oder andere zumindest davon überzeugen! Die Zeit selbst ist so weit entfernt in meinem Bewusstsein, dass ich mich vor natürlichem Ausgleich kaum zu fürchten brauche!

Da das aber in der Realität nicht so ist, ist das eine Lüge, ganz schlicht und einfach, eine winzig kleine Lüge mit Auswirkungen bis an die Enden des Universums! Und wenn ich jemanden mit Absicht vor diesen Mechanismus spanne, harpuniere, wissen die anderen automatisch Bescheid, so gut kennt jeder sein eigenes Bewusstsein! Die Zeit gegen das Sein, an sich lächerlich, nämlich zugunsten des Seins, aber kollektiv gesehen kommt da schon eine Masse zusammen, eine Substanzmasse der Lüge in der Realität, welcher sich niemand widersetzen würde! Worin die Lügen im Einzelnen bestehen, ist dabei unwichtig, das negative Ding liefert schemenhafte Vorgaben, aber der Kern besteht darin, das Sein des oder der Harpunierten durch die Lüge zu ersetzen! Es braucht gar nichts gesprochen zu werden, von einem Moment auf den anderen wird dessen oder deren Sein zur Lüge, ausgesetzt der Wahrnehmung und in der Folge den Aktivitäten aller anderen! Und ganz hervorragend eignen sich dazu Menschen, die sich um die Wahrheit bemühen, die in sich selbst suchen oder schon Schritte zu ihrem Selbst hin unternommen haben, dort tritt die Diskrepanz besonders wirksam hervor! ‚Die Mühe wird dann entsprechend belohnt‘, würde der Teufel sagen und einen Kessel mit ganz vielen Alltagskleinigkeiten ausschütten, von körperlichen Schmerzen oder Verletzungen bis hin zu psychischen oder sozialen Verunstaltungen! Jeder kann seine kleinen Fehlerchen auf solche Leute projizieren und ist vielleicht nicht immer gewahr, dass im eigenen Bewusstsein doch ein Ausgleich stattfindet im Hinblick auf ethische Dysfunktionalität, möglicherweise auf eine Verschüttung ganzer Bereiche oberhalb der Sprache! Was ich tue, hat auch Folgen für mich selbst, auch wenn die Lüge ganz abstrakt vorgibt, sich nicht darum kümmern zu müssen! Die Natur kann ich dem oder den Betroffenen nicht wegnehmen, höchstens das Leben, aber die Existenz lässt sich sozusagen Länge mal Breite verunstalten! Wir bilden die Mehrheit, eigentlich die Allheit, sind das Kollektiv!

Ein Katz und Maus-Spiel mit der und über die Zeit hat begonnen! Die Befürchtung eines Betroffenen ist möglicherweise jemand anderes Plan, und so fort! Derartiges ist nicht neu, gibt es bereits aus der grauen Vorzeit heraus, und es existieren sogar Menschen, die das grundsätzlich in ihre Weltsicht integrieren können, die die Realität auch unter dem Gesichtspunkt sehen, dass sozusagen grundsätzlich gelogen werden kann, und die das auch als potenzielle Gegebenheit akzeptieren! Werden solche Menschen im negativen Sinn aktiviert und vor den Karren gespannt, kann das unter Umständen Katastrophen historischen Ausmaßes nach sich ziehen! Dabei muss das ursprüngliche, das Ausgangspotenzial positiv gesehen werden im Sinne einer direkt auf der Natur aufsitzenden Fähigkeit, die Ambivalenz menschlicher Verhältnisse so wahrzunehmen, wie sie ist oder sein kann! Die Idee zum negativen Ding stammt wahrscheinlich nicht von diesen Menschen, aber in der Ausführung können sie zu wahren Teufeln mutieren!

Die Zeit wächst also aus Worten hervor und entfaltet unter negativer Perspektive ein Eigenleben, welches nicht der Realität entspricht! Für ein negatives Bewusstsein normal, ansonsten jedoch pessimistisch wird dem negativen Ding das Übergewicht zugeschrieben, die Negativität belohnt sich für ihre Mühen mit etwas müheloserer Beschaffung materieller oder Besitzvorteile! Destruktivität etwa heißt unter anderem auch, ich sichere mir durch Zerstörung Besitz! Eine eingebildete Beeinträchtigung wird zur Grundlage genommen und an der Sprache nach außen gespiegelt, dabei geht es weniger um die Sprache als um die mit dieser verbunden gesehene Zeit, mittels derer die gesamte Objektwelt beeinflusst werden kann! Konkrete Negativität wird also von innen nach außen gespiegelt unter der irrigen Annahme, etwas wert zu sein, etwas zu verdienen oder dafür etwas verlangen zu können, und die Gesellschaft steigt offenbar darauf ein, zumindest bisher! Liegt wohl daran, dass Negative auch in der Gesellschaft den einen oder anderen Posten bekleiden, die eine oder andere Funktion ausüben! Doch betrügt sich destruktive, negative Pseudokommunikation von selbst um ihre Vorteile, weil sie die Sprache nicht adäquat verwenden darf, wenn sie den Nimbus der Negativität signalisieren möchte! Die konstruierte Abgrenzung des negativen Dinges betrügt dieses auch um konventionelle Früchte, die dann nur unter Überschreitung der Grenzen der

Legalität oder im Niemandsland hart an diesen entlang realisiert werden können! Ein Negativer muss sozusagen negativ sein und leidet selbstverständlich darunter, aber er hat keine Alternative, das Bewusstsein verändert sich unter den dürren Vorgaben des negativen Dinges! Die Gesellschaft sieht zu oder begünstigt solche Haltungen vereinzelt auch noch, kein Negativer muss sich bisher vor der Gemeinschaft als solcher fürchten! Es erscheint leichter, zivilisierte Regeln des Zusammenlebens außer Acht zu lassen als Regeln der Mitmenschlichkeit durchzusetzen, was auch verständlich ist, da kollektive Positionen über der Sprache nicht so einfach geltend gemacht werden können! Die Verwechslung von Moral und Ethik scheint auch so etwas wie ein gelungener Dreh des Teufels zu sein!

Die abstrakte oder theoretische Betrachtung des Negativen aus deren Perspektive heraus, die Philosophie, führte im Verlauf jedoch immer wieder an die Grenzen jenes Bewusstseinsbereichs, über den die Negativität nichts zu sagen hat, die praktische nämlich, und vielleicht lässt das den Schluss zu, dass für die Schriftsprache leicht andere Regeln gelten als in der Alltagskommunikation, dass jene für sich und in sich kompakter ist, quasi homogener unter Bezug auf die Sprache selbst, welche sonst wie ein lebloser Körper daliegt! Ein Philosoph der Philosophiegeschichte muss mehr oder weniger authentisch die Position des negativen Dinges vertreten, tut das aber, indem er gleichsam eine Linse über die Innenwelt des Bewusstseins hält, indem er einzelne

Zustände den Vorgaben nach entsprechend verzerrt darstellt; Philosophie, könnte man behaupten, ist dann das sprachliche Treffen innerer Zustände, und dabei zeigt sich in der Praxis des Beschreibens irgendwie zwischen den Zeilen, dass das Bewusstsein doch mehr sein muss als nur ein zusammengewürfeltes Aggregat von Kulturkollektiven! Und die Kraft, die dem Gesamt des Bewusstseins Struktur und Sinn verleiht, ist logischerweise die Natur! So kommt es zu der paradoxen Konstellation, dass kaum ein klassischer Philosophen ernsthaft positiv über die Natur schreibt, in der Praxis des Schreibens aber zunehmend deren Sinn zum Ausdruck gebracht wird! Illusion ist die Zeit und die Annahme einer unentrinnbaren Gemeinschaft, die durch die Zeit verbunden wird, namentlich die sich selbst abgrenzende Gemeinschaft der Negativen!

Die Aktivität Negativer findet in der Vorstellung statt, und sie brauchen in der Praxis scharfe Hunde, um diese auch umzusetzen! Die Betrachtung der Negativität durch die Philosophie spielt sich ebenfalls im Bewusstsein ab; um etwas hinschreiben zu können, braucht es zunächst Erkenntnisse, und Erkenntnisse wiederum sind einfache Wahrnehmungen, denen die adäquate Sprache zugeordnet wird! Handelt es sich beim zu erkennenden Gegenstand jedoch um etwas Irrationales, bleibt nur noch die interne Festigkeit des Schreibens übrig, denn die Sprache soll ja sinnvolle Topoi zum Ausdruck bringen, auch wenn der eigentliche Inhalt destruktiv ist!

Erkenntnisse kann man nicht konstruieren, sondern nur wahrnehmen, und die Wissenschaft Philosophie ist dann so etwas wie erweiterte Erkenntnistheorie, deren Substanz sich verdichten muss um die Abhandlung eines sinnlosen Gegenstandes herum! Die philosophische Logik spiegelt wohl auch etwas von der Absurdität dieses Unterfangens mit offenem Ausgang! Die Zeit dient zur Beschreibung der Welt, die Philosophie zur sprachlichen Umschreibung der Negativität!

Der Missbrauch denkt also zum Teil auch in Besitzkategorien, ohne sich um die gangbaren Wege zu Besitz und Eigentum Gedanken machen zu wollen! Es macht keinen Sinn, negativen Gedankengängen theoretisch nachzuspüren, die Praxis jedoch zeitigt dann das Ergebnis: Missbrauch heißt, man wird um konventionellen Anspruch betrogen, weil die Täter offenbar Konventionen als Betrug auffassen! In gewisser Hinsicht ließe sich eine Kontinuität annehmen zwischen der allgemeinen Kultur und dem lähmenden Kohäsionsding der Negativität, wäre da nicht der Wille Letzterer, sich von allem Hergebrachten, Normalen abzugrenzen! Und das negative Ding selbst kann nicht kommentiert werden, es versteckt sich hinter der Normalität, befindet sich immer im Schatten, tritt nie in die erste Reihe heraus! Gift war da in früheren Zeiten ein äußerst probates Mittel! Das negative Ding dient negativer Argumentation, aber der Missbrauch kann nicht begriffen werden, daher sind seine Erklärungen falsch! Das Ganze ist einfach so etwas von außerhalb der Welt, dass man nicht rechtfertigen könnte, seine Zeit damit zu verschwenden, wenn es nicht in der Praxis vorhanden wäre!

Negativität schreibt ihrem Ding einen Wert zu und notwendigerweise auch eine Dauer! Diese lässt sich irgendwie als eine Art Abklatsch des Seins in der Objektwelt auffassen, aber nur unter den Verzerrungen negativen Denkens! Wenn ich etwas esse, soll das für einen gewissen Zeitraum vorhalten, wenn ich mein Baby füttere, erwarte ich mir vielleicht eine Zeit lang Ruhe! Wenn die Versorgung mit Nahrung bereits eine Anmutung von Dauer aufweist, kann die Negativität diesen Inhalt wohl kaum für sich reklamieren! Negative Dauer ist abgehackt, zerrissen, kann sich nicht als Kontinuität präsentieren, sie existiert nur in der Vorstellung! Die Schichten des Bewusstseins um die Sprache herum, die Welt und die Schichte der Wahrnehmung, Ethik und Transzendenz lassen sich nicht einfach austauschen, verdrehen oder eins zu eins spiegeln! Auch das Leben weist eine Dauerhaftigkeit auf durch die Zeit, aber deshalb, weil das Leben die Zeit irgendwie loswerden möchte, um zur Natur zu kommen, nicht etwa zum Tod! Und die Dauerhaftigkeit des Lebens liegt auch nicht in seiner Weitergabe! Der magische Spiegel der Zeit ist hier jedoch präsent, Zukunft und Vergangenheit werden auf eine Weise kombiniert, die das Bewusstsein selbst als irreal erkennt, ohne sich davon befreien zu können, weil es keine Alternative findet! Die Zukunft wird erst erlebbar, wenn die Vergangenheit akzeptiert ist, und der Geist hat quasi nichts anderes zu tun, als das zu verhindern! Es bestünde ein Kontinuum zwischen Kultur und Negativität, wenn dieses nicht prinzipiell von negativer Seite torpediert würde!

Das dunkle, negative Ding ist ein Verrat an der Menschlichkeit, wie sie die Substanz der fünften Bewusstseinsschichte bildet, ein einfaches, natürliches Zusammensein von Individuen unter Wahrnehmung innerer Gerechtigkeit! Die Natur gibt hier den Ton an, allerdings vor dem vollgültig rezipierten Hintergrund der Kultur! Die Natur ist die einzig relevante Ursache von allem, auch in der Objektwelt, auch wenn das die Kollektiv-basierte Erstellung von Konventionen überdeckt! Das Erstellen objektiver Normen ist teilweise destruktiv, weil der Natur gemäß den Kriterien der Abstraktion gleichsam etwas weggeschnitten wird, zugleich muss sich das aber in einem Rahmen bewegen, der die Sinnhaftigkeit der Konventionen gewährleistet! Auch inmitten der Objektwelt kann ein Mensch in der Perspektive seines Selbst die Wahrheit finden, die Aktualität, der gegenwärtige Zeitpunkt sind dafür ausschlaggebend, und es braucht eine Bewusstheit, welche von der Negativität nicht einmal angedacht wird, in einer Intensität, die Negative wahrscheinlich als Höllenfeuer interpretieren würden! Dem bloßen Anschein nachzugehen hat sich auch in der anerkannten Kultur als etwas dünn erwiesen, die Welt als Phänomen zu interpretieren heißt nur in sehr bedingtem Sinn, sie auch zu spüren! Negativität konnte die Kultur stets mit Lüge durchdringen, aber die Kraft des Selbst ist es, den Zustand des Bewusstseins zu verändern, real und potenziell auch von einer negativen Ausgangsbasis her! Von Lügen ausgehend möchte der Missbrauch das Leben besiegen, und dabei ist das einzige Recht, das einem Destruktiven in actu bleibt, jenes zu leben, zumindest unter demokratischen Grundbedingungen! Und die Lüge ernsthaft der Natur entgegenstellen zu wollen, mutet bei allem Respekt etwas optimistisch an!

Mikaela, ich bin jetzt am Ende meiner kurzen Ausführungen über den Menschen angekommen, welche von der äußeren Natur bis zum Selbst und dessen Übergang ins Nichts oder Alles reichen, und es bleibt mir noch, zwei übrig gebliebene Sätzchen anzuführen: Bezüglich der Selbstkompetenz gibt es keinen Geschlechtsunterschied, selbstverständlich, und der Kampf zwischen den Geschlechtern ist wohl der Anteil an der Fortpflanzung, aber das steht auf ganz einem anderen Blatt! Und das ist zugleich auch das Ende meiner Briefserien!

Herzliche Grüße,

Erich